Eine Arbeitsgemeinschaft der Verlage

Böhlau Verlag · Wien · Köln · Weimar
Verlag Barbara Budrich · Opladen · Toronto
facultas.wuv · Wien
Wilhelm Fink · Paderborn
A. Francke Verlag · Tübingen
Haupt Verlag · Bern
Verlag Julius Klinkhardt · Bad Heilbrunn
Mohr Siebeck · Tübingen
Nomos Verlagsgesellschaft · Baden-Baden
Ernst Reinhardt Verlag · München · Basel
Ferdinand Schöningh · Paderborn
Eugen Ulmer Verlag · Stuttgart
UVK Verlagsgesellschaft · Konstanz, mit UVK/Lucius · München
Vandenhoeck & Ruprecht · Göttingen · Bristol
vdf Hochschulverlag AG an der ETH Zürich

Meiner Frau und meinem Sohn

Hamid Reza Yousefi

Grundbegriffe der interkulturellen Kommunikation

UVK Verlagsgesellschaft mbH · Konstanz
mit UVK/Lucius · München

PD Dr. Hamid Reza Yousefi lehrt Geschichte der Philosophie und Interkulturelle Philosophie an der Universität Koblenz. Zudem ist er Gründungspräsident des Instituts zur Förderung der Interkulturalität in Trier.

Online-Angebote oder elektronische Ausgaben sind erhältlich unter www.shop.de.

Bibliografische Information der Deutschen Nationalbibliothek
Die Deutsche Nationalbibliothek verzeichnet diese Publikation in der Deutschen Nationalbibliografie; detaillierte bibliografische Daten sind im Internet über http://dnb.d-nb.de abrufbar.

Das Werk einschließlich aller seiner Teile ist urheberrechtlich geschützt. Jede Verwertung außerhalb der engen Grenzen des Urheberrechtsgesetzes ist ohne Zustimmung des Verlages unzulässig und strafbar. Das gilt insbesondere für Vervielfältigungen, Übersetzungen, Mikroverfilmungen und die Einspeicherung und Verarbeitung in elektronischen Systemen.

© UVK Verlagsgesellschaft mbH, Konstanz und München 2014
Einband: Atelier Reichert, Stuttgart
Satz: Claudia Wild, Konstanz
Lektorat: Claudia Hangen, Hamburg
Druck: fgb. freiburger graphische betriebe, Freiburg

UVK Verlagsgesellschaft mbH
Schützenstr. 24 · D-78462 Konstanz
Tel.: 07531-9053-0 · Fax: 07531-9053-98
www.uvk.de
UTB-Nr. 4127
ISBN 978-3-8252-4127-8

Inhalt

Vorwort 9

1 Wie ist Kommunikation möglich? 13

1.1 Was ist Kultur? 13
1.2 Was bedeutet Kommunikation? 17
1.3 Trans-, Multi- und Interkulturalität 25

2 Grundbegriffe der interkulturellen Kommunikation 31

2.1 Von der Notwendigkeit einer kontextuellen Kommunikation 31
2.2 Orientierungsbereiche der Verständigung 33
    2.2.1 Was heißt Identität? 35
    2.2.2 Was bedeutet kompetentes Verhalten? 47
    2.2.3 Warum sind Wortbedeutungen zu beachten? 54
    2.2.4 Wie verstehen sich das Eigene und das Andere? 58
    2.2.5 Wozu sind Vergleiche gut? 63
    2.2.6 Wie werden wir uns gegenseitig gerecht? ... 69
    2.2.7 Warum brauchen wir Normen? 80

3 Vom Scheitern der Kommunikation 95

3.1 Ist der Absolutheitsanspruch notwendig? 96
3.2 Wie wirken Vorurteile und Stereotype? 99
3.3 Gibt es kulturelle Eigenlogik? 104
3.4 Warum ist Macht von Bedeutung? 109
3.5 Ist Egoismus dem Dialog abträglich? 114

Ausblick 119

Literatur 123

Vorwort

Erfolgreich zu kommunizieren ist der Wunsch eines jeden Menschen, insbesondere aber derjenigen, die geschäftlich unterwegs sind, ihren Urlaub im Ausland verbringen möchten oder auch mit Menschen zusammenarbeiten, die einen Migrationshintergrund haben. Zwischenmenschliche Kommunikation ist kein technischer Prozess, den wir wie bei einem Roboter vorprogrammieren können.

Interkulturelle Begegnung findet nicht nur in der zwischenmenschlichen Interaktion statt, sondern auch in der Analyse von Text und Sprache, ganz abgesehen von der Lebens- und Arbeitswelt. Welche Erwartungen richten sich an Menschen und Institutionen? Welches sind Normen, Maßstäbe, Standards und Hürden sowie Grenzen einer erfolgversprechenden Kommunikation?

Ein zentrales Anliegen interkultureller Kommunikation ist hier in erster Linie die Aufhebung von Monokulturalität, Überwindung von Ethnozentrismus, Forderung nach dialogischer Toleranz sowie das Schaffen einer gemeinsamen kritischen Orientierung und grundsätzlicher Bereitschaft, Anderes mit anderen Augen sehen zu lassen. Die Verwirklichung dieser Ziele setzt den Willen zur kritisch-dialogischen Verständigung voraus. Dadurch gelingt es uns, zusammen mit anderen Kommunikationspartnern, Leitbegriffe zu entfalten und das *inter*kulturelle Handeln von *trans*kulturellem Denken leiten zu lassen.

Gelingen und Scheitern der Kommunikation hängt in diesem Sinne stets damit zusammen, wie wir denken und wahrnehmen, wie wir Vergleiche anstellen, welche Ziele wir im Sinn haben und wessen Maßstäbe wir befolgen. Von Bedeutung ist hier auch, was wir unter Kultur verstehen. Fassen wir Kulturen auf als *offene* Orientierungssysteme, die dynamisch-veränderbar sind oder als *geschlossene* Gebilde, welche wie abgeschlossene Kreise nebeneinander existieren und einander wesensfremd sind, so wird dies unmittelbar bestimmend sein für die Art und Weise unseres Kommunizierens. Insofern setzt eine gelungene Kommunikation viele

Kompetenzen voraus. Verständigung heißt in diesem Zusammenhang Mitmenschen wahrnehmen und auf sie dialogisch reagieren. Dazu gehören nicht nur Offenheit und Aushalten von kulturell bedingten Differenzen, sondern auch und vor allem eine gewisse Systematik, die veranschaulicht, warum es notwendig ist, sich solche Kompetenzen anzueignen.

Mit diesem Werk beabsichtige ich in einer klaren, kurzen und leicht verständlichen Form, in die Grundbegriffe der interkulturellen Kommunikation einzuführen. Dabei bespreche ich Störungen und grundlegende Bedingungen, erläutere Sinn und Funktion von Kultur, thematisiere Relationen der Interkulturalität und diskutiere *sieben* Fragen, die für alle Kommunikationsformen grundlegend sein dürften: Was heißt Identität? Was bedeutet kompetentes Verhalten? Warum sind Wortbedeutungen zu beachten? Wie verstehen sich das Eigene und das Andere? Wozu sind Vergleiche gut? Wie werden wir uns gegenseitig gerecht? Und schließlich: Warum brauchen wir Normen?

In einem letzten Schritt erörtere ich einige Hindernisse der Verständigung. Diskutiert werden folgende Fragen: Ist der Absolutheitsanspruch notwendig? Wie wirken Vorurteile und Stereotype? Gibt es kulturelle Eigenlogik? Warum ist Macht von Bedeutung? und schließlich: Ist Egoismus dem Dialog abträglich?

Beschäftigen wir uns ernsthaft mit der Frage, warum es von Bedeutung ist, diese Fragen zu diskutieren, werden wir recht schnell erkennen können, dass es darum geht, Menschen auf verschiedenen Ebenen des Lebens gerecht zu werden. Unterteilen wir das Lesen in vier Formen, kursorisches, informierendes, gründlich-studierendes und vergleichendes, so schlage ich dem Leser das gründlich-studierende Lesen vor. Zum besseren Verständnis des Textes sind Beispiele in diesem Buch optisch hervorgehoben.

Neben Ina Braun und meinen Studenten möchte ich meinen Freunden, allen voran Hans-Gerd Hamacher, Jürgen Pferdekamp und Hans Dieter Aigner, meinen Dank aussprechen. Nicht zuletzt geht mein Dank an die UVK Verlagsgesellschaft für die Aufnahme des Buches in das Verlagsprogramm und insbesondere an Rüdiger Steiner und Claudia Hangen für die gewissenhafte Betreuung meines Werkes.

Trier, im Januar 2014 Hamid Reza Yousefi

1 Wie ist Kommunikation möglich?

Im Zentrum meiner Überlegungen stehen drei Fragenbereiche, die als Grundlage des vorliegenden Werkes dienen. Was ist Kultur, was bedeutet Kommunikation und welche Relationen machen die Interkulturalität als eine akademische Disziplin aus?

1.1 Was ist Kultur?

Kultur ist ein fester Bestandteil der menschlichen Gesellschaft. Sie bestimmt unsere Wertvorstellungen und Normen sowie unsere Identität, unseren Glauben, unser Weltbild und unsere Sprache. Kultur nimmt Einfluss auf unser soziales Umfeld und bestimmt, was wir für gut oder nicht gut halten. Kulturelle Vorprägungen bilden Heimat. Wo immer wir auch hingehen, nehmen wir dieses Heimatgefühl mit.

Betrachten wir die bestehenden Kulturtheorien, so reicht ihr Kulturbild von geschlossenen Einheiten bis hin zu Gebilden mit offenen Grenzen. Was diese Theorien miteinander verbindet, ist der Erklärungsversuch, was Kultur ist bzw. nicht ist und welche symbolischen Formen, Sitten und Gebräuche bestimmend sind.

Wie ist Kommunikation möglich?

Gemeinsam ist all diesen Überlegungen auch die Frage nach der Stellung des Menschen innerhalb einer Kultur, Gesellschaft oder Gemeinschaft.

Der Mensch ist ein naturhaftes und dennoch kulturstiftendes Wesen. Er bleibt Zeit seines Lebens mehr oder weniger unter dem Einfluss des Kulturraumes, dem er sich zugehörig fühlt.

Sigmund Freud stellt in seinem Werk ›Das Unbehagen in der Kultur‹ dieses Wechselverhältnis dar. In der Kultur sieht er den Gegenspieler der menschlichen Triebe und Leidenschaften. Kultur bringe nach Freud soziale Ordnung hervor, richte Institutionen ein und sichere das Überleben der Menschen. Trotz dieser positiven Aspekte ist der Mensch Zeit seines Lebens bestrebt, die Kultur zu durchbrechen, um seine Triebe zu befriedigen.

Hier geraten Ich, Es und Über-Ich in Konflikt. Während das *Es* das Unbewusste repräsentiert und verdrängte Triebe sowie nicht verarbeitete Erlebnisse und Träume umfasst, repräsentiert das *Über-Ich* die gesellschaftlichen und kulturellen Werte, die auf den Menschen einwirken und von ihm mehr oder minder verinnerlicht werden. Das *Ich* ist die Vernunft, die im Bewusstsein des Menschen angesiedelt ist und zwischen Es und Über-Ich vermittelt. Um dies an einem Beispiel zu verdeutlichen: Während das *Es* einen Kommunikationspartner für einen üblen Fanatiker hält, verbietet das *Über-Ich*, dies laut auszusprechen. Das *Ich* vermittelt zwischen diesen beiden Positionen und lässt es bei einer höflichen Andeutung bewenden.

Das Unbehagen besteht also darin, dass Kultur zwar Ordnung und Orientierung bietet, zugleich aber die Entfaltungsmöglichkeiten dieser Triebe derart einschränkt, dass der Mensch sich nicht so ausleben kann, wie er eigentlich möchte. Nach Freud ist es unmöglich, diese Triebe restlos zu unterdrücken. Negative Macht in Form von Kriegen ist ein Beispiel hierfür. Hier bringen sich zivilisierte Menschen gegenseitig um, die stets vorgeben, nach moralisch-humanistischen Maximen zu handeln. Macht wird hier zu einer Instanz, die bestimmt, was legitim bzw. nicht legitim ist. Freud schlussfolgert, dass es nur wenigen möglich ist, ihre Triebe und Leidenschaften zu beherrschen.[1]

Kulturen sind in der Tat »Lebenswelten, die sich Menschen durch ihr Handeln geschaffen haben und ständig neu schaffen. Diese Lebenswelten existieren ohne Bewusstseinsmaßstäbe. Sie basieren nicht auf einer Auswahl des Schönen, Guten und Wahren, sondern umfassen alle Lebensäußerungen derjenigen, die an ihrer Existenz mitgewirkt haben und mitwirken.«[2]

Weil Menschen insgesamt über eine ähnliche kognitive Ausstattung verfügen, sind auch ihre kulturellen Fähigkeiten ähnlich. Zweifelsohne gehören Denken, Fühlen und Handeln dazu, wie sie in konkreten Situationen in Form von Trauer, Freude und Tabubereichen unterschiedlich zum Ausdruck kommen. Kulturelles Gedankengut ist in allen religiösen, politischen, weltanschaulichen und wissenschaftlichen Kontexten enthalten, ohne darin restlos aufzugehen. Kulturen verändern sich aufgrund ihres dynamischen Charakters durch Austausch- und Überlappungsprozesse kontinuierlich.

An dieser Nahtstelle drängt sich die Frage auf, ob es fixe Kulturstandards gibt oder nicht. Alexander Thomas geht von einer solchen Annahme aus und hält fest: »So wie ein Standard angibt, wie ein Gegenstand normalerweise beschaffen zu sein hat, wie ein häufig vorkommendes Ereignis normalerweise abläuft, so legt ein Kulturstandard den Maßstab dafür fest, wie Mitglieder einer bestimmten Kultur sich zu verhalten haben, wie man Objekte, Personen und Ereignisse zu sehen, zu bewerten, zu behandeln hat.«[3]

Diese Überlegungen treffen in der Regel nur in geschlossenen Gesellschaften zu. Menschen sind keine elektronischen Rechner, die per Zuweisung funktionieren. Technische Standardisierung macht es möglich, dass wir per Mausklick bestimmte Funktionen betätigen können, die mit großer Exaktheit beim Empfänger wie-

---

[1] Vgl. Freud, Sigmund: *Das Unbehagen in der Kultur,* 1930.
[2] Bolten, Jürgen: *Interkulturelle Kompetenz,* 2007, S. 24.
[3] Thomas, Alexander (Hrsg.): *Psychologie interkulturellen Handelns,* 1991, S. 5.

dergegeben werden. Eine solche Entsprechung gibt es bei der zwischenmenschlichen Kommunikation nicht. Jedes Individuum besitzt eine eigene kognitive Landkarte, ein einzigartiges Repertoire interner Konstruktionen seiner Wirklichkeit.[4] Es gibt so etwas wie die Wirklichkeit der Innen- und Außenwelt, die stets miteinander konfrontiert werden.

Die generalisierende Annahme eines Kulturstandards, wie Alexander Thomas vorschlägt, ist der Kommunikation nicht förderlich, weil im Vorfeld mit Klischees und Stereotypen gearbeitet wird. Kulturstandards in ihrer Radikalität gibt es nur, wenn wir, wie erwähnt, von einem geschlossenen Kulturbegriff ausgehen.

Die Frage, ob es einen typisch deutschen, amerikanischen oder iranischen Musikstil gibt, wird mit ›ja‹ beantwortet, wenn wir Kulturen essentialistisch auffassen. Sie wird mit ›nein‹ beantwortet, wenn wir Kulturen als offene Sinn- und Orientierungssysteme begreifen, die sich gegenseitig beeinflussen. Man kann zwar durch die Aneignung von musikalischen Fertigkeiten bestimmte Musikrichtungen erlernen, die als ›deutsch‹ usw. deklariert werden, offen bleibt aber, ob diese Musik ursprünglich rein deutsch gewesen ist. Zweifelsohne sind kulturübergreifende Momente dabei wirksam.

René König verweist mit Recht darauf, dass es *die* Kultur nicht gebe, dass sie nicht »allgemein und einheitlich sei. […] Es gibt in Wahrheit so starke kulturelle Unterschiede innerhalb einer Gesellschaft zwischen ihren unterschiedlichen Teilen, dass sie unter Umständen größer sind als die Unterschiede zwischen verschiedenen Kulturen.«[5] Insofern gibt es eine *reine* eigene Kultur der Sache nach nicht, sondern nur noch Mischkulturen, die eine starke Verankerung in Geschichte und Gegenwart haben.

---

4 Vgl. Fischer, Klaus: *Kommunikation, Sozialstruktur und Weltbild*, 2006, S. 89 f.
5 König, René: *Einleitung: Über einige Fragen der empirischen Kulturanthropologie*, 1972, S. 35.

1.2 Was bedeutet Kommunikation?

Thema des ersten Abschnitts war die Analyse des Kulturbegriffs. Darauf aufbauend geht es hier um die Frage nach Kommunikation.

Der Ausdruck ›Kommunikation‹ bedeutet im Deutschen ›Mitteilung‹, ›Verbindung‹ oder ›Beziehung‹ im Sinne von Teilnahme und Gemeinsamkeit sowie gegenseitiger Verständigung durch soziale Interaktionsprozesse. Der Ausdruck bedeutet also ›Wechselbeziehungen unter Menschen‹. Es gibt verschiedene Formen der Kommunikation: Plauderei, Unterhaltung, Unterredung, Besprechung und Diskussionen jeglicher Art. Der Sinn der Kommunikation ist in erster Linie der Gedankenaustausch.

Der Mensch ist, wie erwähnt, nicht nur ein kulturstiftendes, sondern auch ein kommunikatives Wesen. Kultur ist Kommunikation und Kommunikation bringt Kultur hervor. Seiner Biologie nach ist der Mensch nicht für ein Leben ohne Gemeinschaft geschaffen: »Solange jemand an Kommunikation teilnimmt, nimmt er an der Gesellschaft teil«[6], schreibt Niklas Luhmann zu Recht.

Die folgende von mir in etwa angepasste Parabel ›Die Geschichte mit dem Hammer‹ von Paul Watzlawick zeigt die existentielle Notwendigkeit der Kommunikation auf jedwedem Gebiet:

> »Ein Mann will ein Bild aufhängen. Den Nagel hat er, nicht aber den Hammer. Der Nachbar hat einen. Also beschließt unser Mann, hinüberzugehen und ihn auszuborgen. Doch da kommt ihm ein Zweifel: Was, wenn der Nachbar mir den Hammer nicht leihen will? Gestern schon grüßte er mich nur so flüchtig. Vielleicht war er in Eile. Aber vielleicht war die Eile nur vorgeschützt, und er hat etwas gegen

---

6 Luhmann, Niklas: *Die gesellschaftliche Moral und ihre ethische Reflexion*, 1990, S. 4.

mich. Und was? Ich habe ihm nichts angetan; der bildet sich da etwas ein. Wenn jemand von mir ein Werkzeug borgen wollte, ich gäbe es ihm sofort. Und warum er nicht? Wie kann man einem Mitmenschen einen so einfachen Gefallen abschlagen? Leute wie dieser Kerl vergiften einem das Leben. Und da bildet er sich noch ein, ich sei auf ihn angewiesen. Bloß weil er einen Hammer hat. Jetzt reicht's mir wirklich. – Und so stürmt er hinüber, läutet, der Nachbar öffnet, doch bevor er ›Guten Tag‹ sagen kann, schreit ihn unser Mann an: ›Behalten Sie sich Ihren Hammer, Sie Rüpel!‹«[7]

Es gibt viele Möglichkeiten, diese Parabel zu erschließen. Watzlawick zeigt in erster Linie, wie Vorurteile und vor allem Feindbilder entstehen. Er demonstriert mit einfachen Ausführungen, wie Gedankenwelten konstruiert werden, die eine Realität voraussetzen, die es nicht gibt. Hier explizieren sich die konflikthaltigen Differenzen der Innen- und Außenwelt verschiedener Wirklichkeitsvorstellungen. Wie entstehen solche Haltungen und welche Rolle spielen das Eigene und das Andere dabei?

Diese Haltung entsteht, wenn die Kommunizierenden oder wie in diesem Falle ein Gesprächspartner nicht bereit ist, dem Anderen ohne vorgefasste Meinung entgegenzutreten. Das Ergebnis des Nicht-kommunizieren-Wollens ist in der Regel Gewalt, wenn auch eine theoretische. Dies sehen wir, wenn der Hammersuchende sich eine eigensinnige Wirklichkeit konstruiert und dann hinüber zum Nachbar geht und mit ganzer Vehemenz sagt: ›Behalten Sie Ihren Hammer, Sie Rüpel!‹

Der Mensch ist, wie dieses Beispiel zeigt, ein emotionales Geschöpf mit vielen Dimensionen. Daher zeigen sich innere Bilder und Gefühle bei jedem Menschen anders. Dies gilt für Temperament, Ärger, Jubel und Trauer, Liebe, Enttäuschung sowie Höflichkeit und Unhöflichkeit. Unterschiede lassen sich nicht

---

[7] Watzlawick, Paul: *Anleitung zum Unglücklichsein*, 2000, S. 37 f.

gleichschalten, weil die Lebensdynamik des Menschen im Gegensatz zu Rechnern unergründlich ist.

Kommunikation ist insofern ein offener Prozess, in dem Menschen mit Unterschieden und Gemeinsamkeiten miteinander ins Gespräch kommen. Es gibt eine Reihe von Kommunikationstheorien, die auf unterschiedlichem Wege bemüht sind, Probleme, Störungen sowie Möglichkeiten der Kommunikation herauszuarbeiten.[8] Gemeinsam ist allen Kommunikationsformen, ob verbal, nonverbal, symmetrisch, asymmetrisch oder komplementär, die methodische Verbesserung wechselseitiger Steuerungen und Kontrolle von Informationsverlust.

Kommunikation heißt sich denkend und verstehend mitzuteilen. Sie hat, wie die Geschichte mit dem Hammer zeigt, zwei Ebenen: Eine sachlich-rationale und eine emotional-hermeneutische Ebene. Während Erstere Informationen transformiert, die sich verifizierend wahrnehmen und verstehen lassen, besitzt Letztere eine Dimension, bei der Körpersprache, Wortwahl und Beziehungsgrad der Kommunizierenden von Bedeutung sind.

Bei jeder Kommunikation sind Ich- und Du-Botschaften wesentlich. Ich-Botschaften sind ein Ausdruck dafür, wie sich die Handlungen des Anderen auf das subjektive Selbst auswirken und wie man sich dabei selbst fühlt. Hier teilt der Sprechende seine Gefühle mit. Dabei werden indirekt die Taten des Handelnden kritisiert und nicht seine Person. A sagt z. B. zu sich: ›Meine Hose ist jetzt voller Flecken. Ich werde sie waschen müssen.‹ Du-Botschaften sind *hingegen* konfliktträchtig, weil sie nicht die Tat, sondern unmittelbar die Person angreifen. A würde *hingegen* vorwurfsvoll zu B sagen: ›Du kannst ja noch nicht mal anständig Saft eingießen. Was soll das?‹

Interkulturelle Kommunikation ist eine komplementäre Form der Dialogführung, in der auch Ich- und Du-Botschaften, direkte und indirekte sowie verbale oder nonverbale Gesprächsführungen grundlegend sind. In ihr beeinflusst der Austausch von Infor-

---

8 Vgl. hierzu Bühler, Karl: *Sprachtheorie*, 1965 und Watzlawick, Paul: *Die Möglichkeit des Andersseins,* 2002.

mationen sowie die Selbstwahrnehmung des Eigenen und des Anderen die Rahmenbedingungen der Verständigung erheblich.

Neben kulturell- und sozialisationsbedingten Unterschieden gibt es weitere Faktoren, die stets zu beachten sind. Diese sind in der Regel Augenkontakt und Händedruck, kurz Gestik und Mimik. Die Wesentlichkeit dieser Faktoren ist auch von den Neurowissenschaften erkannt worden, die sich als eine Erweiterung und Ergänzung der Psychologie begreifen. Ziel solcher Betrachtungen ist, durch mikrosoziologisch bedingte Leistungen Sinn und Funktion interpersonaler Kommunikation zu bestimmen. Diese Untersuchungen zeigen, welche Bereiche des Gehirns aktiviert werden, wenn sich Kommunizierende einen Ball zuwerfen oder ein bestimmtes gestisches oder mimisches Verhalten zeigen.

Eine zentrale Schwäche solcher Ansätze, die diesen geradezu unbrauchbar macht, ist die Bemühung, mit solchen Einzelstudien kulturübergreifende Merkmale zu erschließen. Solche Studien bergen die Gefahr des Kulturessentialismus, nach dem eine bestimmte Handlung schematisch stereotypisiert wird. Nicht alle Deutschen oder Afrikaner zeigen ihren Zorn dadurch, dass sie ihre Ober- und Unterlippe aufeinanderkneifen. Dies ist durchaus von Individuum zu Individuum anders zu betrachten.

Es ist nicht zu bestreiten, dass Gestik und Mimik auch Zynismus, Arroganz oder ein Überlegenheitsgefühl transferieren und im Anderen diverse Gefühle und Reaktionen auslösen. Augen sind das Spiegelbild unserer Seele und sprechen je eine eigene Sprache. Unsere Blicke strahlen nicht nur Trauer oder Freude aus, sondern auch Sympathie, Antipathie oder gar Wut. Augen können bei jeweils Anderen auch Zweifel oder Bedenken hervorrufen sowie bejahend oder verneinend wirken.

Offener Augenkontakt mit einem aufgeschlossenen und vor allem aufrichtigen Lächeln ist, jenseits aller kulturellen Verschiedenheit, stets Sympathie erweckend, während aufgesetztes Lächeln oder restriktive Haltung überall als störend wahrgenommen wird und Zurückhaltung erzeugt. Ob Kratzen am Kopf ein Zeichen von Unsicherheit ist und Reiben des Kinns Nachdenklichkeit darstellt, lässt sich nicht bedingungslos generalisieren. Es gibt eine Reihe von Forschern, die der Meinung sind, dass es so etwas wie kulturbedingte Universalien und damit einhergehende Missverständnisse und Störungen gebe, die durch und durch nachvollziehbar seien. Es wird z. B. behauptet, dass ›Asiaten‹ die Individualität als Selbstisolation empfinden und eine zurückhaltende Körpersprache gemäß dieser Gesinnung dem Anderen gegenüber pflegen. In Bezug auf die orientalischen Kulturen wird ebenfalls unterstellt, diese seien, im Gegensatz zu den Asiaten, körperbetont, offensiv und bisweilen anschmiegsam. Im Hinblick auf die europäisch-westlichen Völker wird wiederum eine distanzierte Körperhaltung dem Anderen gegenüber unterstellt, die Nüchternheit ausstrahlt.

Jenseits aller Typologisierungen kulturbedingter Handlungen, die durchweg theoretisch interessant sein mögen, erweisen sich solche Theorien in der Praxis interkultureller Kommunikation nur bedingt als nützlich. Es wäre verheerend, Kulturen auf Universalien wie Gestik und Mimik zu reduzieren und daraus Schlüsse zu ziehen. Die Praxis ist viel komplizierter als statistische Erhebungen oder bestimmte Beobachtungen, die sich auf *gewisse* Individuen beziehen.

Interkulturelle Kommunikation hat sich der Herausforderung zu stellen, Modelle zu formulieren, Einstellungen und Überzeugungen in ein dialogisches Miteinander unter besonderer Berücksichtigung der Unterschiede zu überführen. Aufgrund ihrer Anforderungen unterscheidet sich interkulturelle Kommunikation von anderen Dialogformen dadurch, dass diverse kontextuell unterschiedliche Faktoren wie religiös-kulturelle und soziologisch-ethnologische sowie sprachlich-gesellschaftliche Dimensionen bedeutsam sind. In dieser Begegnung entsteht eine hermeneutische Situation, die dazu befähigt, Gemeinsamkeiten festzustellen, Unterschiede wahrzunehmen, Probleme zu präzisieren und Erwartungen zu formulieren, die den bisherigen Selbstverständlichkeiten diametral entgegengesetzt sein können.

Die Verwirklichung der interkulturellen Kommunikation besteht aus einer Vielzahl emotionaler und sozialer Teilkompetenzen, wobei eine kultursensitive Haltung unter Kontextbeachtung unverzichtbar ist. Sie kann nur gedeihen, wenn die Kommunizierenden bereit sind, sich gegenseitig in die Gedankenwelt des jeweils Anderen hineinzuversetzen. Es handelt sich hier um die Praxis einer situativen und dem jeweiligen Kontext angemessenen Empathiefähigkeit.

Die drei folgenden Komponenten im Schaubild sind für eine solche Kommunikation von unverzichtbarer Bedeutung:

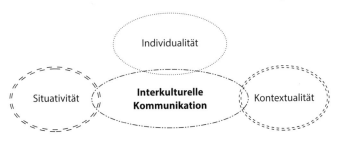

Diese Komponenten hängen mit den sieben miteinander verbundenen Begriffen zusammen, den Korrelatbegriffen interkultureller Kommunikation, auf die ich im nächsten Kapitel ausführlich zu sprechen kommen werde.

Die Notwendigkeit der Beachtung dieser Komponenten hängt damit zusammen, dass die jeweiligen Situationen in der Regel komplex, die jeweils handelnden Personen verschieden und die kulturellen sowie traditionellen Kontexte von erheblicher Unterschiedlichkeit sein können. Wir haben stets zu berücksichtigen, dass jedes Individuum seine eigene Charakterstruktur hat, die in der Kommunikation wirksam ist. Es gibt durchaus Menschen, die eine totalitäre, autoritäre, extrovertierte oder eine introvertierte Charakterstruktur haben. Es gibt auch Menschen, die mutig oder ängstlich sind. Zweifelsohne wirkt sich dies auf die zwischenmenschliche Kommunikation aus. Insofern sind menschliche Handlungsmotive nicht nur durch biologische Gegebenheiten, sondern vielmehr durch äußere Reize und vor allem ihre Lebensgeschichte, ihre Biographie, bestimmt.

An diese drei aufgezeigten Komponenten ist eine Spirale der Verständigung gekoppelt. Hierbei überprüft jeder sein Wissen über die jeweils Anderen und stellt sich selbst Fragen, die ich als die vier Kardinalfragen der dialogischen Selbstaufklärung bzw. Selbstarchäologie bezeichnen möchte: Wo sprechen wir? Worüber sprechen wir? Mit wem sprechen wir? Mit welcher Intention sprechen wir? Es geht um die selbstaufklärende Überprüfung, ob wir sprechen, um zu verstehen oder sprechen wir, um zu verunglimpfen oder um Vorurteile zu verbreiten? Dies sind Fragen, die sich jeder zu stellen hat, wenn er einen echten Dialog sucht.

Konkret fragen sich also die Kommunikationsteilnehmenden selbstaufklärend, wie sie ihr Wissen über die Anderen erwerben, klassifizieren und bewerten; sie reflektieren auch darüber, welchen Nutzen sie sich davon erhoffen. Der Austausch von Antworten der Kommunizierenden bildet eine gute Grundlage wechselseitiger Korrektur des falschen, ungenauen oder vorurteilsbehafteten Wissens.

Dies hängt damit zusammen, dass in uns Menschen ein egoistischer Mechanismus lebt, der uns dazu verleitet, durch die Abwertung der Anderen nach außen, Zusammengehörigkeitsgefühl und Aufwertung im Inneren zu erzeugen. Diese Mentalität erschwert echte Verständigungsbemühungen. Folgendes Beispiel soll dies verdeutlichen:

> Einer meiner Studenten namens Jonas berichtet von einer Situation, die er im Rahmen eines dreiwöchigen Aufenthaltes in China erlebt hat. Dabei werden ihm die drei Komponenten der Verständigung deutlich: »Ich verbrachte drei Wochen in einer chinesischen Familie. Abgesehen davon, dass wir uns nur mit Mühe sprachlich verständigen konnten, ist ihre Art, Wünsche oder Vorschläge zu vermitteln, nahezu undurchschaubar.
> Eines Abends gehe ich mit meinem Austauschpartner durch Peking. Ich bin froh, die enge Wohnung im 21. Stock des Hochhauses verlassen zu können. Ich versuche ein Gespräch zu entwickeln, was nicht nur wegen besagter Sprachprob-

leme, sondern vor allem wegen seiner Schüchternheit sehr schwierig war. Irgendwann wird selbst ihm die Stille unangenehm und er erklärt mir, dass er jeden Tag, wenn er mit dem Bus zur Schule fährt, ein sehr hübsches Mädchen sähe. Schön und gut, denke ich mir. Dann wieder Schweigen. Nach einiger Zeit fragt er mich, ob ich dieses Mädchen mal sehen wolle. Mir doch egal, in meinen Augen sehen die Chinesen sowieso alle gleich aus. Er muss aber wohl irgendetwas anderes damit gemeint haben.

Nach einer Weile des Nachdenkens geht mir auf, dass die Sache mit dem ›hübschen Mädchen‹ der Versuch war zu entschuldigen, morgens mit dem Bus anstatt mit dem Taxi zur Schule zu fahren. Bisher hatten wir immer ein Taxi genommen. Natürlich hake ich noch einmal nach, um mich zu vergewissern, ob meine Schlussfolgerung richtig sei. Dies ist ihm zwar offensichtlich unangenehm, aber ich kann ja nichts dafür, wenn der Junge nicht einfach geradeheraus fragen kann.«

Jonas wird nach seiner Rückkehr gebeten, einen Bericht über seine Reise zu schreiben. Ihm stehen im Allgemeinen zwei mögliche Varianten offen: Jonas findet *erstens* die Chinesen, dieses ›unverständliche Volk‹ einfach ›unerträglich‹ und ist heilfroh, dass die drei Wochen vorbei sind, da es für ihn sehr strapaziös war, die chinesische Mentalität zu verstehen. Jonas berücksichtigt *zweitens* die drei Komponenten: die Kontextualität, die Situativität und die Individualität.

Wie könnte die Geschichte dann ausgehen? Versuchen Sie, sich eine ähnliche Kommunikationssituation vorzustellen, in der Sie die Position von Jonas einnehmen.

Wie würden Sie reagieren und wie würden Sie über Ihre Reise zu Hause berichten? Fragen Sie sich dabei selbst, warum sie einen solchen Bericht schreiben? Was sind Ihre Beweggründe? Was würde Ihr Bericht bei den Lesern Ihres Artikels auslösen und was würden Sie selbst von ihnen erwarten?

1.3 Trans-, Multi- und Interkulturalität

Was ist das – die Interkulturalität und wie verhält sie sich zu den Theorien der Trans- und Multikulturalität? Für manche setzt Interkulturalität die wechselseitige Beziehung von Menschen aus unterschiedlichen Kulturen voraus.[9] Sie ist zwar vielfältig definierbar, lässt sich aber als ein Schlüsselbegriff unserer Gegenwart erklären. Interkulturalität ist der Name einer Theorie und Praxis, ein Modus der Verständigung, die sich mit dem historischen und gegenwärtigen Verhältnis aller Kulturräume und den Menschen als ihren Trägern beschäftigt.

Grundlegend für einen wissenschaftlichen Ansatz ist in erster Linie seine gesellschaftliche Relevanz. Es geht um die Frage, ob und inwieweit eine Theorie der gesellschaftlichen und politischen Realität entspricht. Betrachten wir z. B. die Ansätze der Trans-, Multi- und Interkulturalität, so ist festzustellen, dass es zwischen ihnen, trotz der offensichtlichen Unterschiede, eine innere Verwandtschaft gibt.

Der multikulturelle Ansatz wird dann problematisch, wenn vermutet wird, dass Kulturen einander wesensfremd seien und eigenständig nebeneinander ›leben‹ könnten, ohne sich voneinander beeinflussen zu lassen. Nach einem solchen Kulturbild ›leben‹ Menschen ebenfalls als unveränderbare Identitäten nebeneinander. Die Idee der ›Leitkultur‹ ist aus dem Geist dieser Gesinnung entstanden, nach der alle aufgefordert werden, sich einem bestimmten Rahmen anzupassen. Hier geht es um die Homogenisierung der Gesellschaft.

Der gemäßigte transkulturelle Ansatz hingegen bedeutet Grenzüberschreitung, ohne offensichtliche Unterschiede zu verwässern oder Beliebigkeit zu propagieren. Die kultur- und erziehungsbedingten Grenzen zwischen den Individuen lösen sich

---

[9] Auf die Frage nach Gemeinsamkeit der Ansätze Trans-, Multi- und Interkulturalität werde ich hier weiter nicht eingehen und verweise grundsätzlich auf mein Lehrwerk: *Interkulturelle Kommunikation*, 2014.

eben nicht restlos auf. Transkulturelles, grenzüberschreitendes Denken ist die Basis einer interkulturellen bzw. interreligiösen Begegnung. Wir benötigen in allen Kontexten und Situationen die Vorsilbe ›inter‹, also ›zwischen‹, weil es letztlich Individuen sind, die miteinander kommunizieren und nicht Kulturen als Ganzes.

In unserer vielfältigen Gesellschaft sind *extreme* und *gemäßigte* Formen dieser drei Ansätze nicht zu übersehen. Letztlich treten wir als Individuum auf, ob wir kulturelle Mischlinge sind oder uns ethnisch definieren. Über die lokal verankerten Unterschiede können wir uns nicht hinwegsetzen. Interkulturalität verbindet Dimensionen der *gemäßigten* Trans- und Multikulturalität. In unserer multikulturellen Gesellschaft wird zwar transkulturell gedacht, aber interkulturell gehandelt.

Haben die Gastarbeiter, die in den 1950er Jahren die Bundesrepublik mit aufgebaut haben, ihre Religion, Tradition, Sprache und Kultur restlos aufgegeben? Die Verneinung dieser Frage liegt auf der Hand. Diese Tatsache macht deutlich, dass wir die Gesellschaften trans-, multi- oder interkulturell nicht homogenisieren dürfen. Diese Begriffe sind mit Erscheinungsformen verbunden, die nicht für sich bestehend existieren, sondern sich stets in einem Prozess des Werdens befinden und immer neue kontextbedingte Mischungen eingehen.

Mit zwei Beispielen möchte ich die Problematik der Interkulturalität verdeutlichen:

Erstes Beispiel: Stellen Sie sich vor, Hélène und Alif lernen sich bei einer akademischen Feier irgendwo an einer Universität kennen. Beide sind nette, ambitionierte und vor allem geschäftstüchtige Frauen. Alif kommt aus der Türkei und Hélène aus Frankreich. Ihre Verständigungssprache ist deutsch. Beide arbeiten in Deutschland in zwei konkurrierenden Firmen; Hélène bei Mercedes Benz und Alif bei BMW. Hier beobachten wir eine typische interkulturelle Begegnungssituation, in der sich zwei gesellschaftliche Makro- und individuelle Mikroebenen begegnen.

Um eine reflektierte Kommunikation führen zu können, müssen beide Frauen Selbstaufklärung betreiben, indem sie sich stets überlegen, was sie ausdrücken wollen und wie es beim Anderen ankommen könnte. Die Schwierigkeit besteht darin, dass sie sich mit unterschiedlichen kulturellen Kontexten identifizieren. Bedenkt man, dass Alif bei gemeinsamen Mahlzeiten weder Schweinefleisch verzehrt noch alkoholische Getränke zu sich nimmt, entsteht ein Dilemma, wenn es für Hélène dazugehört, die Mahlzeit in bester französischer Manier mit einem alkoholhaltigen Aperitif zu beginnen.
Wir sehen, dass ›beste französische Manier‹ bei Alif als ›Verstoß‹ gegen ein religiöses Gebot wahrgenommen wird. Dies macht sich gleich beim ersten gemeinsamen Abendessen bemerkbar, das gerade wegen dieser verschiedenen Einstellungen mit einer Verstimmung endet. Alif möchte keinen Wein auf dem Tisch sehen, während Hélène darauf nicht verzichten will. Hier spielt die Frage der Toleranz eine wesentliche Rolle, auf die ich noch zu sprechen kommen werde.

Zweites Beispiel: Interkulturalität bezieht sich nicht unbedingt auf Kommunikations- und Begegnungssituationen zwischen Angehörigen zweier verschiedener Kulturräume wie Deutschland und Afrika, sie ist auch eine gängige Praxis innerhalb einer Kultur.
Max und Matthias sind Nachbarn. Beide haben ein Grundstück mit Gärtchen, aber ihre Vorstellung von der Gartengestaltung und -pflege sind *völlig* unterschiedlich. So lässt Max seinen Garten im paradiesischen Naturzustand wuchern, während Matthias Wert darauf legt, dass alle Pflanzen akkurat beschnitten werden und insbesondere an der Grenze zum Nachbarn die Büsche exakt den entsprechenden Vorschriften gemäß gekürzt werden. Dies führt mit der Zeit zu Verstimmungen, über die sich Max zunächst in einem ärgerlichen Brief an den Nachbarn Luft macht.

Die Angelegenheit wird später sogar durch ein richterliches Urteil entschieden.

Diese Beispiele zeigen, dass interkulturelle Konflikte nicht nur zwischen Menschen entstehen, die aus unterschiedlichen Kulturräumen stammen, sondern dass die Unterschiede auf der individuellen Mikroebene innerhalb eines Kulturraumes wesentlich größer sein können als diejenigen zwischen Menschen, die aus verschiedenen Kulturräumen stammen.

Nun stellt sich die Frage, was Interkulturalität in diesem Zusammenhang bedeutet. In der Tat lassen beide Beispiele mehrere Zugangsmöglichkeiten zu diesem Begriff zu. Zunächst einmal ist festzustellen, dass Interkulturalität ein gesellschaftliches Phänomen ist, das in allen Kulturen der Völker eine gängige Praxis darstellt. Dieses Phänomen lässt sich auf der gesellschaftlichen Makro- und der individuellen Mikroebene betrachtend als eine Antwort auf die Frage begreifen, wie wir Kommunikationssituationen so gestalten können, dass Vorurteile minimiert werden und Kommunikationen offen und fruchtbar sind, dies insbesondere in einer sich immer mehr globalisierenden Welt.

Interkulturalität gründet sich auf die völlige Gleichwertigkeit der Menschen, obwohl dieses Selbstverständnis weder in der eigenen, noch in einer anderen Kultur gleich ist. Diese Formen von Interkulturalität, die ich als eine reflektierte bezeichne, setzen eine wechselseitige Selbstaufklärung im Sinne einer dialogischen Haltung voraus, die Gemeinsamkeiten und Unterschiede gleichermaßen sucht. Selbstaufklärung bedeutet, nicht nur Ethnologe anderer Kulturen und Individuen zu sein, sondern den Blick auf die Architektur der Innenwelt des Eigenen zu richten und die Frage zunächst an sich selbst heranzutragen, ob und inwieweit sich das Bild vom Anderen tatsächlich unterscheidet, ob es dem eigenen ähnelt oder ob es konstruiert ist. Wer Unterschiede überbetont, belastet und verhindert bisweilen eine dialogische Begegnung mit dem Anderen.

Um ihren gesellschaftlichen Auftrag zu erfüllen, verfährt Interkulturalität interdisziplinär. Gemeint ist eine fachübergreifende Arbeitsweise bzw. Kooperation zwischen verschiedenen Fachrichtungen:

Ein solches interdisziplinäres Vorgehen versteht sich als Reaktion auf die fortschreitende Spezialisierung in den etablierten wissenschaftlichen Disziplinen und zugleich als Antwort auf das wachsende Bewusstsein vom vielschichtigen Charakter wissenschaftlicher Problemstellungen. Dies hängt damit zusammen, dass Kommunikationen Erkenntnisse voraussetzen, die nicht nur in einer Disziplin beheimatet sind.

In den folgenden Kapiteln wird angestrebt, auf der Grundlage der interkulturellen Orientierung Wege und Möglichkeiten zu beschreiben, wie Barrieren zu überwinden sind und wechselseitige Verständigung gelingen kann.

2 Grundbegriffe der interkulturellen Kommunikation

2.1 Von der Notwendigkeit einer kontextuellen Kommunikation

Im vorangegangenen Kapitel ging es um die Beantwortung der Frage nach Kommunikation insgesamt und interkultureller Kommunikation insbesondere. Die dort formulierten Grundpositionen gelten für die weiteren Überlegungen dieses Buches.

Ich halte fest, dass die herkömmlichen Kommunikationsmuster in der Regel auf der Ebene politischer, religiöser oder kultureller Einstellung und Überzeugung extremistische Tendenzen bzw. negative Fundamentalismen generieren. Ihnen liegt ein dogmatisches bzw. differenzorientiertes Erziehungskonzept zugrunde. Dies mag auf gewisse Egoismen zurückzuführen sein, die in uns Menschen unterschiedlich wirksam sind, die im Rahmen unserer Primärsozialisation geschult werden.

Diese Erkenntnis macht deutlich, dass wir eine völlig neue, praktische Kommunikationstheorie benötigen, die ich als kontextuell bezeichne. Kontextuell zu verfahren bedeutet, unterschiedliche Traditionen mit ihren jeweils eigenen Terminologien, Fragestellungen und Lösungsansätzen von ihren verschiedenen Positionen her zur Sprache kommen zu lassen. Kontextuelle Betrachtung des Eigenen und des Anderen hilft uns, verschüttete Gemeinsamkeiten zu entdecken und solide Verständigungsperspektiven zu entwickeln. Transkulturell denken und interkulturell handeln bilden das Wesen eines solchen kontextsensitiven Ansatzes.

Dies bedeutet, sich mit interkultureller Reflexivität in die Denk- und Erfahrungswelt des Anderen hineinzuversetzen und die eigene Perspektive mit den Augen des Anderen wahrzunehmen. Eine angemessene Interpretation und Analyse von Kommunikationsakten ist ohne eine solche sensitive Kontextualisierung kaum möglich.

Mein Ansatz ist eine gewaltfreie Art zu denken, zu reden und zu handeln, im Sinne des altpersischen Philosophen Sartoschts, also Zarathustras. Seine Gathas ›Himmlischen Gesänge‹[10], sind das Plädoyer für eine kosmische Harmonie, ein einfühlsames Mensch-Mensch-Verhältnis nach dem Vorbild der Natur, in der alles zusammenhängt und zusammenwächst: »So soll es sein, daß Freundschaft und Brüderlichkeit, welche unser aller Wunsch sind, zu uns gelangen […], damit jeder, der im Lichte der guten Gedanken und seiner Wahrnehmung [handelt], zum Genuß der gerechten Belohnung kommt.«[11] Die sartoschtische Triade, gut zu denken, zu reden und zu handeln, kommt bei jedem Individuum unterschiedlich zum Tragen:

– Denke freiwillig gemäß Deines einfühlsamen Wesens!
– Rede freiwillig gemäß Deines einfühlsamen Denkens!
– Handle freiwillig gemäß Deines einfühlsamen Redens!

Eine solche Handlungspraxis setzt die Umgestaltung unserer Selbstwahrnehmung voraus, die zur Folge hat, dass wir die Anderen durch eine andere Brille sehen. Auf diese Weise sehen wir alles in einem neuen Licht und können angemessen handeln. Unsere angeborenen Fähigkeiten wirken stärker, wenn wir sie gezielt einsetzen und ihre Grenzen kennenlernen.

Etwa 2500 Jahre später formuliert Jean-Jacques Rousseau die These ›Zurück zur Natur‹. Er sieht uns, wie Sartoscht, in Gefahr und regt an, zu unserer wahren und einfühlsamen Natur zurückzufinden. Dies setzt prozesshafte Anstrengungen voraus, die von Individuum zu Individuum anders gemeistert werden können.

Die immerwährende Selbsterforschung, die reflektiert ist und ihre Reinform erreicht hat, führt in der Regel zur Verminderung der negativen Tendenzen wie auch zur Zunahme echter Ehrfurcht vor allen Lebewesen und Anteilnahme am Leben des Anderen.

---

10 Vgl. Sartoscht: *Die Gathas des Sartoscht,* 2009.
11 Gatha, 54/1.

Dieser Prozess der Selbstbefragung schafft eine solide Grundlage, auf der respektvolle Begegnung und empathisches Zuhören entfaltet werden können. Wer diese Dimension erreicht, unterstellt niemandem Fehlverhalten, sondern ist stets bemüht, lebensweltliche Bedürfnisbefriedigung und Wohlergehen des Anderen aktiv zu fördern, dies in Politik, Wissenschaft und Gesellschaft.

Eine kontextuelle Art zu kommunizieren fußt stets auf der genannten Triade des Sartoscht, wohl zu denken, wohl zu reden und wohl zu handeln, die gleichsam die Grundlage einer gewaltfreien Begegnung auf jedwedem Gebiet ist.

2.2 Orientierungsbereiche der Verständigung

Um eine solche Verständigung zu entfalten, können uns folgende sieben Schlüsselbegriffe nützlich sein, die ich an anderer Stelle als Korrelatbegriffe bezeichnet und erläutert habe.[12]

---

12 An anderer Stelle habe ich diese Korrelatbegriffe eingehend untersucht, worauf hier grundsätzlich verwiesen sei. Vgl. Yousefi, Hamid Reza und Ina Braun: *Interkulturalität,* 2011 und Yousefi, Hamid Reza: *Interkulturelle Kommunikation,* 2014.

Bei der Klärung dieser zusammenhängenden Begriffe geht es um die Analyse folgender Fragen, auf die ich in diesem Kapitel ausführlich eingehen werde: Was heißt Identität? Was bedeutet kompetentes Verhalten? Warum sind Wortbedeutungen zu beachten? Wie verstehen sich das Eigene und das Andere? Wozu sind Vergleiche gut? Wie werden wir uns gegenseitig gerecht? Und schließlich: Warum brauchen wir Normen?

Diese Orientierungsbereiche unterliegen zwei Prinzipien. Sie lassen sich *erstens* nicht schematisch in der einen oder anderen Disziplin fixieren, weil sie in allen Wissenschaftsbereichen, mit spezifischen Eigentümlichkeiten betrachtet und verwendet werden. Sie können *zweitens* etymologisch ebenfalls nicht durch eine einzige Sprachkultur durchbuchstabiert werden.

Bei jeder Begriffserklärung ist stets dem Kontext angemessen zu verfahren. Bei all diesen Orientierungsfragen sind mindestens vier kontextbedingte Faktoren grundlegend: Formen des Menschenbildes und Wirklichkeitsverständnisses sowie des Wert- und Moralverständnisses.

Mein kontextuelles Kommunikationsmodell gründet auf der Universalität der Menschenwürde. Hierbei unterscheide ich zwischen ›angeborener‹ Menschenwürde und ›erworbenen‹ Menschenrechten:

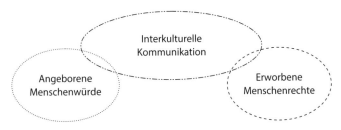

Angeborene Würde ist universell und liegt im menschlichen Wesen begründet. Selbstachtung, Autonomie sowie Überlebensinteresse sind Charakteristika dieser Würde, dies unabhängig von Geschlecht, Herkunft, Religion und Nationalität. *Erworbene* Menschenrechte sind *hingegen* partikulär und werden dem Menschen durch Verfassungen zuerkannt, um die angeborene Würde zu schützen.[13]

Aus der angeborenen Menschenwürde speisen sich die erworbenen Rechte wie der Rechtsanspruch auf Leben, Freiheit, Arbeit, soziale Sicherheit und Bildung. Dazu gehören ebenfalls Anspruch auf Gleichbehandlung und Meinungsfreiheit.

Eine Aufgabe dialogischer Verständigung ist die Herstellung einer Balance zwischen der Universalität der Menschenwürde und pluralen Partikularität der Menschenrechte. Dies bedeutet, den Menschenrechtsmonismus zu Gunsten eines Menschenrechtspluralismus zu vermeiden lernen. Insofern sind Menschenrechte keine Prinzipien, sondern konkretisierte Regeln, deren Praxis teilweise kontextbedingt ist. Ist ein Menschenrecht in einem Kontext einklagbar, so kann es durchaus sein, dass dies in einem anderen Kontext aufgrund kulturbedingter Gegebenheiten juristisch nicht erlangt werden kann. Dialogische Verständigung heißt in diesem Zusammenhang, Ursachen von möglichen Konflikten nicht nur in Bezug auf Menschenrechtsfragen, sondern auf jedwedem Gebiet denkend zu verstehen. Dies ist ein Imperativ transkulturellen Denkens und interkulturellen Handelns.

2.2.1 Was heißt Identität?

Wir alle brauchen Heimat und Beheimatung. In dem Ausdruck ›Heimat‹ steckt eine emotionale Welt, eine Art Sehnsucht, die uns im tiefsten Inneren bewegt und uns Orientierung gibt. Sie ruft in uns etwas Vertrautes auf, wie Kindheitserinnerungen. Orte und Erfahrungen, mit denen wir uns identifizieren, Lebenswege, in denen Sitten und Gebräuche, Ironie und Humor, Sprache und Musik sowie Religion und Tradition zusammenfließen und Identität stiften. Jeder kennt auf seine Weise das Gefühl des Heimwehs und Verlassenseins.

---

13 Yousefi, Hamid Reza: *Menschenrechte im Weltkontext*, 2013 und *Interkulturalität*, 2013.

Schon Kinder im Kindergarten sagen: ›Ich will heim.‹ Auch Patienten im Krankenhaus äußern stets den Wunsch, heimgehen zu wollen. Selbst im Urlaub sagen Erwachsene oder Kinder nach einiger Zeit: ›Ich will heim.‹ Dieser Ausdruck eines sehnsüchtigen Verlangens nach dem Ursprung begleitet den Menschen während der gesamten Spanne seines Lebens. Er verweist auf eine wesentliche Komponente der menschlichen Identität.

Wir kennen das Theaterstück ›Andorra‹ von Max Frisch. Das Drama versetzt den Zuschauer bzw. Leser schrittweise in Angst und Schrecken, gibt ihm andererseits aber auch Hoffnung:

> Es geht um einen Jungen namens Andri, der von den Einwohnern Andorras diskriminiert wird. Die Dorfbewohner projizieren all ihre negativen Eigenschaften auf diesen Jungen.
> Die Bedrohung durch die ›Schwarzen‹, also die Spanier, wächst in Andorra, einem Kleinstaat in den Pyrenäen zwischen Spanien und Frankreich, zunehmend. Ein Lehrer hat mit einer Spanierin ein Kind, was allerdings als schändlich in diesem Dorf angesehen wird. Aus Feigheit überlegt sich der Lehrer eine Lüge und gibt seinen eigenen Sohn Andri für einen Juden aus. Niemandem sagt er die Wahrheit, auch nicht seinem Sohn. Dies führt zu dessen Ausschluss bei den Dorfbewohnern, die ihn wegen seines *angeblichen* Judenseins hänseln. Bald glaubt Andri selbst, ein Jude zu sein. Die Bewohner Andorras begegnen ihm permanent mit Argwohn. Durch all dies ist er schließlich so geprägt, dass er, obschon er durch den Pfarrer erfährt, doch kein Jude zu sein, an der ihm zugewiesenen jüdischen Identität festhält und später ermordet wird.

Max Frisch führt uns vor Augen, wie lebensnotwendig Identität für den Menschen ist. Der Mensch will wissen, auf welchem Boden er steht und welcher sozialen Umwelt er angehört. Andri leidet Zeit seines Lebens unter einer Identitätskrise. Er fühlt sich betrogen und seiner Identität beraubt. Max Frisch setzt der interkulturellen Reflexion ein Denkmal, nämlich der Frage, warum der Kommunikation stets die Klärung dessen vorausgeht, was Identität für das Eigene und das Andere bedeutet. In der Tat kann eine Identitätskrise zur Frage von Leben und Tod werden. Folgende Parabel möge dies noch vertiefen:

> Es geht um einen Jungen namens José. Er verliert seine Eltern, wird von einer Pflegefamilie weit außerhalb wohlwollend aufgenommen. Nach langen Jahren kehrt er in seinen Heimatort zurück. Voller Hoffnung und Freude, die Familie wiederzusehen, klingelt er. Seine Schwester, die er noch lebendig in Erinnerung zu haben glaubt, macht die Tür auf: ›Ich bin José, erinnerst du dich an mich? Hier in diesem Garten haben wir mit Melissa und anderen gespielt.‹
> Sprachlos und kopfschüttelnd sagt die Schwester: ›Nein, ich kenne Sie nicht. Das muss eine Verwechselung sein.‹ Dem Jungen bricht eine Welt zusammen. Er macht in seiner Verzweifelung kehrt und geht weiter zu ehemaligen Spielkameraden, die er ebenfalls lebendig in Erinnerung zu haben glaubt. Diese meinen ebenfalls, sich an ihn nicht zu erinnern. Wie verhext! Keiner will sich an ihn erinnern. Verzweifelt irrt er umher. Allmählich verliert er den Boden unter seinen Füßen und fragt sich: ›Ich bin doch ich und niemand anderes; was ist bloß in mich gefahren. Vielleicht irre ich mich – aber nein, hier ist doch mein Heimatort. Ich halte das nicht länger aus, ich sehe keinen Ausweg mehr –.‹

Wie würden Sie Josés Geschichte weitererzählen? Diese tragische Begebenheit macht deutlich, dass Identität für Menschen existentiell ist. Identität hat in der Tat eine Innen- und eine Außenperspektive. Innenperspektive meint die Innenwelt des Menschen, während sich Außenperspektive darauf bezieht, wie er auftritt und wie er wahrgenommen wird. Dies zeigt sich in der unreduzierbaren Einbettung der Person in ihr Umfeld. In allen zwischenmenschlichen Begegnungen und Kommunikationen treffen Charaktere mit ihrer jeweiligen Erfahrungswelt aufeinander. Diese können familiär, beruflich oder weltanschaulich geprägt sein. Das Eigene beschreibt das Vertraute und uns Bekannte, was umgekehrt auch für das Andere gilt.

Das Andere bedeutet, wie die beiden Beispiele vor Augen führen, meist Bedrohung eigener Identität und Störung der bestehenden Tradition. Andri und José heben uns ins Bewusstsein, wie unverzichtbar Heimat und Identität sind. Das Heimatgefühl als Teil der Identität ist eine anthropologische Wirklichkeit, die wir in allen Kulturen, Traditionen und Religionen beobachten können. Wer sich restlos von diesen Tatbeständen abkoppelt, gerät in der Regel, von Ausnahmen abgesehen, in eine Identitätskrise.

Die Frage nach der Identität lässt sich durch diverse psychologische, soziologische und ethnologische Zugänge mit verschiedenen Akzentuierungen betrachten. Identitäten unterliegen einem Wandel und Prozess des Werdens. Die Veranlagung zum Ich bringt jedes Individuum mit sich in die Welt. Es ist die soziale Interaktion, die uns hilft, unsere Identität zu entfalten.

Nimmt sich der Mensch denkend wahr, so entdeckt er Bewusstsein in sich. In ihm erwacht das Gefühl der Identität, eine unverwechselbare Selbigkeit. Identität des Menschen ist etwas Wandelbares, eine Art lebenslange Ich-Arbeit, die sich immer wieder neu entdeckend entfaltet. Sie lässt sich als eine Spirale der Selbstentfaltung begreifen, die durch soziale Interaktion Prägungsphasen durchläuft. Religion, Kultur, Sprache und Tradition, Familie, Schule und Gesellschaft sowie weltanschauliche Kontexte sind für das Identitätsbild von Bedeutung, die auch auf eine Wechselwirkung zwischen dem Eigenen und dem Anderen verweisen. Erweckungserlebnisse können Einfluss nehmen auf das Gewordensein des Menschen. Konstante Identitäten, ob personale, kulturelle oder religiöse, gibt es in der Regel nicht. Ich unterscheide *sieben* Identitätstypen:

Ich-Identität ist ein Ausdruck der Unverwechselbarkeit der Persönlichkeit eines Individuums. Sie reguliert unsere emotionale Welt und ist für die Art und Weise unseres Denkens und vor

Interkulturelle Kommunikation

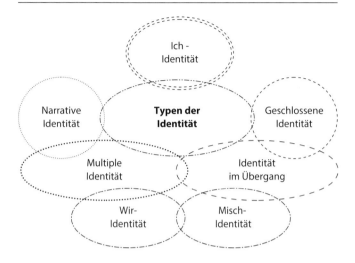

allem unserer Umwelt- und Weltbeziehung bestimmend. Die Ich-Identität umfasst die menschlichen Eigenschaften, welche seine Persönlichkeit ausmachen: Indem ich meine Identität bestimme, bestimme ich auch, *wer* ich bin, *wie* ich bin und *woher* ich komme. Man spricht auch von einer personalen Identität. Eine Ich-Identität zu besitzen bedeutet, sich selbst zu erkennen und die Anderen zu verstehen.

Wir-Identität bezieht sich auf den Zusammenschluss einer Volksgruppe oder einer Gemeinschaft, wobei die personale Identität in den Hintergrund tritt. Als ein soziales Wesen kann der Mensch nur in Verbundenheit mit anderen Wesen existieren, da in der ›Wir-Identität‹ seine Wurzeln zu finden sind und die Geschichte seiner Herkunft liegt. Das ›Wir-Bild‹ ist folglich bedeutsam zur Schaffung einer Identifikationsmöglichkeit für den einzelnen Menschen.

Narrative Identität ist mit dem Begriff der Wir-Identität eng verbunden. Es geht um die Annahme, dass Menschen deshalb Geschichtenerzähler sind, um die eigene Wirklichkeit bzw. erzählende Antworten auf die Frage ›Wer bin ich?‹ oder ›Wer bist Du?‹

zu finden.[14] Der subjektive Sinn der Erzählung wird ganz im Sinne des Konstruktivismus auf die Gruppe, der ein Mensch angehört, in zweiter Linie auch auf die eigene Person konstruiert. Der Verlust kultureller Hintergrunderzählungen und die gesellschaftliche Dekonstruktion herkömmlicher Identitäten tragen dazu bei, dass Menschen ihre eigenen Erzählstränge erfinden, um die verlorengegangene Identität zu ersetzen. Die narrative Identität läuft Gefahr, einen totalitären Charakter anzunehmen, da nicht auszuschließen ist, dass Individuen ihre eigene Erzählung verabsolutieren.

Geschlossene Identität ist eine extreme Form der Realisierung einer Wir-Identität. Bei dieser Identitätsform geht es um eine totalitäre Haltung, die nur eine bestimmte Form der Identität akzeptiert, nämlich die eigene. Dies ist bei extremistischen Weltanschauungen, wie der nationalsozialistischen, zu beobachten, die von der Reinheit der Kultur und Rasse ausgehen. Auch Gesellschaftsformen, in denen alles per Dekret unifiziert wird, wie in der ehemaligen Sowjetunion, gehören, wenn auch in einer abgeschwächten Form, zu den Staaten mit geschlossener Identität.

Identität im Übergang verweist auf die Situation des Menschen im postmodernen Zeitalter, in der sich Menschen im »ständigen Übergang zwischen unterschiedlichen Lebensformen« befinden. Nach diesem Konzept befindet sich alles, damit auch die Identität, im Wandel.[15] Betrachten wir den Zeitgeist und die rasanten Veränderungen in gesellschaftlichen Prozessen, so beobachten wir den Verlust der allgemeinverbindlichen Hintergrunderzählungen, damit verbunden die Identitätsauflösung und variable Modelle des Übergangs zwischen verschiedenen Identitäten. Hier geht es um den Wandel menschlicher Identitäten.

Multiple Identität kann als eine gelungene Sozialisierung im Rahmen der Identität im Übergang bezeichnet werden. Sie besagt, dass sich ein Individuum mehreren ethnischen und zivilen Gemeinschaften zugehörig fühlen kann. Ali z. B. ist gebürtiger Türke, kommt aus Istanbul, lebt in seiner zweiten Heimat

---

14 Vgl. Kraus, Wolfgang: *Das erzählte Selbst,* 1996.
15 Welsch, Wolfgang: *Ästhetisches Denken,* 2003, S. 171.

Deutschland, wohnt in Berlin, hat dort studiert. An der Universität Konstanz ist er Hochschullehrer, Philosoph, im Besonderen interkultureller Philosoph, zu Hause ist er Familienvater, gegenüber Bekannten ein Kumpel und im Kontakt mit Freunden ein enger Vertrauter. Vom Einfluss seines Elternhauses her ist er schiitisch geprägt und Befürworter der demokratischen Verantwortungsethik. An diesem Beispiel werden die offenen Grenzen zwischen Identität und Rollen ersichtlich, die ein Mensch Zeit seines Lebens spielt.

Mischidentität ist eine typische Entwicklung, die in *inter*kulturellen und sogar *intra*kulturellen Kontexten zu beobachten ist. Menschen, die sich in solchen Kontexten bewegen, erleben Auflösungen oder aber auch Erweiterungen bestehender Grenzen hautnah. Ali im obigen Beispiel zeigt diese gleichzeitigen Grenzüberschreitungen und Grenzbestimmungen, die für ihn psychische Herausforderung mit sich bringen, weil er in Deutschland von sämtlichen Überzeugungen und Gewohnheiten beeinflusst wird, die sich wiederum auf sein Selbstbild auswirken. Das Ergebnis ist zumeist eine Mischidentität.

Überfordert sind in der Regel diejenigen Individuen, denen es nicht gelingt, sich in ihrem neuen Lebensumfeld eine Heimat zu schaffen. Menschen mit Migrationshintergrund sind in der Regel gezwungen, eine Mischidentität zu entwickeln. Solche Menschen wissen aus eigener Erfahrung, was es bedeutet, grenzüberschreitend zu denken, zu reden und zu handeln. Hier treten alle gemäßigten und extremen Erscheinungsformen der Trans-, Multi- und Interkulturalität auf.

Allen diesen sieben erläuterten Identitätsformen ist gemeinsam, dass sie – mehr oder minder – unter dem Einfluss von verschiedenen Religionen, Kulturen, Traditionen und Zivilisationen sowie Geschlechtergruppen stehen. Diese Identitätsformen nehmen ferner auch Einfluss auf die Art und Weise des Denkens der Individuen, deren Ergebnisse bestimmte Menschenbilder sind. Eine ausgewogene Balance zwischen der Ich- und der Wir-Identität kann als ein Idealzustand angesehen werden, in dem sich das Individuum am besten entfalten kann.

Die Grundlage der Identität des Eigenen und des Anderen ist das Menschsein, das uns verbindet. Unterschiede und Gemeinsamkeiten unter den Menschen sind von menschlichen Faktoren abhängig. Weil all diese Identitäten innerhalb aller Kulturen der Völker zu beobachten sind, ist anzunehmen, dass ein Gefühl von ›Fremdheit‹ nicht außerhalb, sondern im Menschen selbst, in seiner eigenen Denkform und Wahrnehmung beginnt. Hier kommt dem jeweils individuell ausgeprägten Grad an Egoismus eine wesentliche Rolle zu.

Ein starker Ausdruck, insbesondere der Wir-Identität zeigt sich in unterschiedlichen Begrüßungsformen. Betrachten wir diese im Vergleich der Kulturen und ihrer Kontexte, so grüßen sich einige mit Handschlag und Verbeugung; manche klopfen sich umarmend gegenseitig auf die Schultern. Es gibt aber auch Kontexte, in denen sich Menschen mit dem Blick auf den Boden oder in die Augen grüßen oder manche, die sich mit der Berührung ihrer Nase begrüßen. Auch die Begrüßung zwischen Männern, zwischen Frauen oder zwischen Männern und Frauen differieren. In manchen islamischen Kreisen küssen sich die Männer umarmend auf die Wangen. Das Gleiche gilt auch für Frauen. Diese Grußformen sind auch von semantischer Relevanz, weil sie von Kulturraum zu Kulturraum unterschiedliche Emotionen hervorrufen. Dass orientalische Männer sich in der Regel umarmend auf die Wangen küssen, wird in Europa des Öfteren als ein Ausdruck der Homosexualität aufgefasst, was aus orientalischer Sicht als befremdlich angesehen werden kann. Auch hier sind Kultur- oder Individualegoismen virulent.

Die existentielle Bedeutung der Identität kann sich jeder vor Augen führen, wenn er sich selbst die Frage stellt: ›Was gefällt mir an mir oder was nicht?‹ oder ›Was gefällt mir an meiner Gruppe oder was nicht?‹ In der offenen und vor allem aufrichtigen Antwort dieser Frage machen wir deutlich, womit wir uns identifizieren und wie wir uns von anderen unterscheiden oder abgrenzen.

Die Aufgabe der Kommunizierenden wird stets mit der Mühe verbunden sein, Eigenes im Anderen und Anderes im Eigenen denkend und verstehend zu suchen.

Rückkehr ohne Heimkehr

Eine mehrfache Kulturzugehörigkeit kann im Kontext der Interkulturalität auch zu einem Identitätsproblem werden. Dies trifft am ehesten auf Menschen mit Migrationshintergrund zu. Man möge sich vorstellen, dass ein Türke in Deutschland geboren wird und, wie die anderen Einheimischen, auch die Schule besucht und in dieser Gesellschaft komplett sozialisiert wird, der aber aufgrund der Herkunft seiner Elternteile einen orientalisch klingenden Namen hat, unabhängig davon, dass sein Aussehen teilweise seinen Migrationshintergrund anzeigt.

Wie wird ein solcher Mensch in der Gesellschaft aufgenommen, obwohl er wie alle anderen Deutschen sozialisiert ist? In Deutschland wird er, aufgrund seines Namens und bedingt durch sein Aussehen, als Ausländer angesehen, der gut Deutsch spreche bzw. sich gut der deutschen Kultur angepasst hätte, obwohl er sich selbst kaum als Ausländer wahrnimmt. Wenn er mit seinen Eltern in die Türkei reist, um dort seinen Urlaub zu verbringen, wird er von seinen türkischen Kameraden als Nicht-Türke betrachtet, obwohl er nicht als solcher wahrgenommen werden will. Hier handelt es sich um eine Rückkehr ohne Heimkehr.

Es entsteht ein Identitätsproblem des türkischen Jungen. Nun, wo gehöre ich denn hin? Bin ich Deutscher oder Türke? Zuhause in Deutschland werde ich merkwürdig beäugt, in der Türkei ebenso. Ist dies nicht ein Grund, dass Menschen mit einem solchen Hintergrund geradezu prädestiniert sind, sich Kosmopoliten zu nennen?

Wider den Ausdruck ›fremd‹

In unserem Wissenschaftsverständnis ist weitestgehend der Ausdruck ›fremd‹ als die Bezeichnung des Anderen etabliert worden. Es ist ersichtlich, dass unterschiedliche Menschenbilder in der Regel miteinander in Konkurrenz treten. Dies belegt die Denkgeschichte der Kulturen. Unser Menschenbild ist grundlegend für die Kommunikation, wenn wir Menschen oder Gruppen als

›Andere‹ oder ›Fremde‹ bezeichnen. Die Wahl dieser Ausdrücke bestimmt zugleich den Differenzierungsgrad des Eigenen dem jeweils Anderen gegenüber. Betrachten wir die bestehenden Nachschlagewerke wie das ›Handbuch der Kulturwissenschaft‹ oder kleinere Fachwörterbücher sowie Monographien und Überblickswerke, so finden wir dies bestätigt.

Der Ausdruck ›fremd‹ verweist auf eine Auffassung, die Kulturen als geschlossene Kreise begreift, was heute jedoch unhaltbar geworden ist. Spätestens seit dem Ende der Kolonialzeit Mitte des 20. Jahrhunderts wird immer klarer, dass Kulturen stets von offenen Grenzen geprägt sind. Neben den ›gängigen‹ Formulierungen ›Fremdheit und Fremdartigkeit‹ finden auch weitere negative Ausdrücke Verwendung, wie ›Fremde als Eindringlinge‹ (Hans Magnus Enzensberger), ›Stachel des Fremden‹ (Bernhard Waldenfels) oder ›Fremde als Barbaren‹ (Julia Kristeva).

Bei einer Vergleichsanalyse des Begriffs des ›Fremden‹ zeigt sich, dass er in unterschiedlichen Sprachkulturen zumeist negativ besetzt ist. ›Fremd‹ bedeutet im Deutschen ›andersartig‹, ›fremdländisch‹ oder ›exotisch‹. Im Persischen heißt fremd ›gharibe‹, ein nicht Dazugehöriger, Eindringling, oder ›bigane‹, Ausländer, Besatzer, unerwünschte Person. Beide Ausdrücke besitzen im Deutschen wie im Persischen einen stark abwertenden Charakter, mit dem Beiklang bedrohlich, während das Wort ›Andere‹ in beiden Sprachkulturen als ›verschieden‹ aufgefasst wird. Diese Wortbedeutung ist angemessener.

Wir sagen gewöhnlich: ›Ich gehe mit einigen Studenten essen, obwohl ich sie nicht kenne‹. Ich würde niemals sagen: ›Ich gehe mit Fremden essen‹. Wir sagen ›Ich fliege nach Kenia oder Deutschland‹ und nicht ›in die Fremde.‹ Wenn wir von dort aus mit Freunden telefonieren, klänge es absurd zu sagen: ›Ich bin in der Fremde.‹

Der Ausdruck ›fremd‹ erweist sich als ambivalent. Wenn ich z. B. sage: ›Das Verhalten von Ali ist mir fremd‹, so meine ich, dass ›Alis Verhalten mir persönlich fremd ist, weil er anders ist und nicht, weil er ein Fremder ist‹. Hier bezieht sich der Behauptende auf seine eigene subjektive Einschätzung, die nicht ohne

Weiteres generalisiert und verabsolutiert werden kann. Insofern hat die umgangssprachliche Auswahl des ›Eigenen‹ und des ›Anderen‹ durchaus eine Berechtigung. Anders denken, handeln, fühlen oder gesinnt sein, beschreibt keinen Gegensatz zum kulturell oder religiös Anderen, sondern besagt: ›immer im Unterschied zu etwas‹, wie im Beispiel: ›Ali ist anders als Philipp‹ oder ›Susanne ist anders als Ulrike‹ usw.

Der Terminus ›Fremdgruppe‹ beschreibt eine Gemeinschaft, im Gegensatz zur ›Eigengruppe‹. Auch hier ist es sachlich angemessener von anderer und eigener Gruppe zu sprechen, damit keine hermetische Distanz zum Anderen entsteht oder aufgebaut wird.

Derartige Ausdrücke wie ›das Eigene und das Fremde, der Europäer und der Fremde‹ sind Erfindungen und Projektionen sowie Identitätsfixierungen, Wunsch- und Negativbilder der Zivilisation. Nach diesem Vorverständnis wird der Andere »nicht einfach als der andere« gesehen, »sondern als der schlechtere« Mensch. »Wir sind die ›eigentlichen‹ Menschen«, schreibt Hans Jürgen Heinrichs, »die anderen sind Menschen nur in unzulänglicher, korrupter oder unterentwickelter Weise. Der erste Schritt zur Überwindung dieses Schemas wird darin bestehen, sich die europäische Geschichte der Feindbilder vor Augen zu führen. Diese Geschichte reicht weit hinter die Entstehung der Ethnologie zurück und bestimmt diese bis in die jüngste Vergangenheit.«[16]

Corinna Albrecht argumentiert ähnlich wie Heinrichs: »Wenn Menschen zu ›Wilden‹, zu ›Untermenschen‹, zu ›Unzivilisierten‹ erklärt werden, wird die Kategorie ›Fremder‹ für Herrschaftszwecke instrumentalisiert. Die Grenzziehungen, die mittels Fremdheitskonstruktionen vollzogen werden, können nach der Logik der ihnen zugrunde liegenden Ideologie auch Fremdstellungen inmitten der eigenen Kultur vornehmen.«[17]

Eine *ausschließliche* Orientierung an einem bestimmten Identitäts- oder Differenzmodell verhindert, Eigenes im Anderen und Anderes im Eigenen zu erkennen und zu verstehen. Wer so ver-

---

16 Vgl. Heinrichs, Hans-Jürgen: *Das Fremde verstehen,* 1999, S. 43.
17 Albrecht, Corinna: *Der Begriff der, die, das Fremde,* 1997, S. 92.

fährt, stigmatisiert das Andere unmittelbar zum Exoten, ohne sich dessen bewusst zu sein, von der anderen Seite selbst als Exot gesehen zu werden. Diesem Phänomen geht eine von endgültiger Identität und Differenz geleitete Einstellung voraus und stellt ein Wunschdenken dar. Diese Haltung ist seit ihren Anfängen »eine unauflösbare Vermischung von Vereinnahmung und Aufklärung des Anderen, von Fremd- und Selbstverständnis, von Beobachtung, Beschreibung, Reflexion und Projektion, von Phantasie und Modellbildung.«[18]

Vernachlässigen wir alle wissenschaftlichen Theorien für einen Augenblick, so werden wir merken, dass viele von uns, in der Regel unterschwellig, ein konstrukthaft-fixiertes Bild vom Eigenen und vom Anderen pflegen. Echte interkulturelle Kommunikation speist sich aber aus der Wechselwirkung beider. Die Kunst besteht darin, das Eigene und das Andere miteinander ins Gespräch zu bringen. Um dies praktisch umzusetzen, müssen wir, wie Bernhard Waldenfels zu Recht bemerkt, »nicht nur Ethnologen einer anderen, sondern auch Ethnologen unserer eigenen Kultur werden.«[19]

Der Samoa-Reisende Erich Scheurmann unternimmt in seinem Werk ›Der Papalagi‹ einen solchen Versuch. Sein Protagonist, ein Südseehäuptling, kann den Wert der europäischen Errungenschaften nicht erkennen. Dieser sieht nur, dass sie den Menschen von seinem innersten Selbst entfernen, ihn unecht, unnatürlich und schlecht machen. Dabei deckt Scheurmann Diskrepanzen zwischen der sogenannten naturgebundenen polynesischen Lebensart und einer wissenschaftlich geprägten Kultur auf. Er beschreibt zwei Lebensentwürfe, die sich gegenseitig relativieren.[20] Das Eigene und das Andere sind nicht voneinander getrennt zu betrachten; es ist nur fruchtbar, dass diese sich ›voneinander beunruhigen lassen‹[21], ohne sich gegenseitig aufeinander zu

---

18 Heinrichs, Hans-Jürgen: *Einleitung,* 1977, S. 41.
19 Waldenfels, Bernhard: *Topographie des Fremden,* 1997, S. 74.
20 Vgl. Scheurmann, Erich: *Der Papalagi,* 1978, S. 13 ff.
21 Vgl. Waldenfels, Bernhard: *Grundmotive einer Phänomenologie des Fremden,* 2006.

reduzieren: Ohne Du gibt es kein Ich und das Eigene gibt es ebenfalls nicht ohne das Andere. Diese Erkenntnis ist wesentlich für die Identitätsbildung.

Wer das Andere vergegenständlicht, reduziert es auf ein Objekt der Forschung. Dies sind Gründe, warum die Beschäftigung mit interkultureller Kommunikation für die Frage nach der Identität des Eigenen und des Anderen unabdingbare Voraussetzung ist. Alle sieben skizzierten Identitätsformen haben einen hybriden Charakter; sie erzeugen nicht nur Stolz, Freude, Selbst- und Gruppenvertrauen, sondern können auch zur Überbetonung und zu radikalen Ab- und Ausgrenzungen führen, die oftmals in praktischer Gewalt gegen andere Identitäten enden. Die Gefahr einer solchen Entwicklung kann durch echte interkulturelle Verständigung im Vorfeld minimiert oder vermieden werden.

Interkulturelle Kommunikation zeichnet sich dadurch aus, dass jeder darum bemüht ist, die Gedanken des Anderen zu denken und dabei zu beobachten, wie das eigene Denken hierdurch beeinflusst wird.

2.2.2 Was bedeutet kompetentes Verhalten?

Der Ausdruck ›Kompetenz‹ gehört mit guten Gründen zu den zentralen Begriffen der Kulturwissenschaften. Sind wir geschäftlich oder privat unterwegs, so benötigen wir unbedingt Kompetenzen, also Fähigkeiten und praktische Fertigkeiten, um situations- und kontextangemessen handeln zu können. Auch in politischen Begegnungen auf internationaler Ebene brauchen wir Kompetenzen. Dieses Vermögen erstreckt sich auf interkulturelle, interreligiöse und wissenschaftliche Bereiche.

Wer sich nach seinem Belieben in solchen Kontexten bewegt, wird mit großer Wahrscheinlichkeit den gewünschten Erfolg nicht erzielen können. Eine wichtige Rolle bei all diesen Begegnungen spielt die Frage nach der Identität des Eigenen und des Anderen. Kontexte und Situationen, in denen sich Individuen bewegen, sind ebenfalls von Bedeutung. Daher ist es eine Notwendigkeit, sich stets Kompetenzen anzueignen, um kulturell, religiös oder wissenschaftlich bedingte Differenzen positiv oder kritisch würdigend aufzunehmen.

Um neue Erkenntnisse für den Umgang mit dem Anderen zu gewinnen und dieses Wissen durch Trainingsmöglichkeiten in die Praxis umzusetzen, gibt es fachbezogene Kompetenzzentren. Neben interkulturellen Zentren gibt es auch netzwerkartige Zusammenschlüsse, um die erworbenen Fertigkeiten durch Austausch von Erfahrungen zu erweitern und institutionell zu etablieren.

Letzten Endes geht es um situations- und kontextangemessenes Handeln durch die Aneignung von Fähigkeiten, die erforderlich werden, wenn unterschiedliche Handlungsmuster, Weltanschauungen, Gesinnungen oder Meinungen miteinander unmittelbar in Berührung kommen. Damit sind auch Werte und Normen sowie begriffliche Bezugssysteme gemeint, die nicht immer offen ersichtlich sind.

Konkret geht es um die Suche nach Möglichkeiten, die uns helfen, in Begegnungen Eigenheiten des Eigenen und des Anderen reflektierend kennen und respektieren zu lernen. Die Aneignung von Kompetenzen bzw. Fertigkeiten bedeutet, nach Alexander Thomas, »den interkulturellen Handlungsprozess« so zu gestalten, dass Missverständnisse zunehmend vermieden und »gemeinsame Problemlösungen«[22] angestrebt werden können.

Interkulturelle Kompetenz beschreibt ein erworbenes Vermögen, »individuelle, soziale, fachliche und strategische Teilkompetenzen in ihrer bestmöglichen Verknüpfung auf interkulturelle Handlungskontexte beziehen zu können.«[23] Sie hat eine Innen- und eine Außenperspektive. Erstere beschränkt sich nicht nur auf *intra*kulturelle, auf innergesellschaftliche Handlungskompetenzen, sondern vor allem auf unsere Gesinnung, Überzeugung und Individualität, während sich Letztere nicht nur auf *inter*kulturelle Handlungskompetenzen bezieht. Hier sind die Grenzen zwischen

---

22 Thomas, Alexander: *Interkulturelle Kompetenz*, 2003, S. 141.
23 Bolten, Jürgen: *Interkulturelle Kompetenz*, 2007, S. 112.

Innen- und Außenperspektive stets fließend. Hierbei handelt es sich auch um die Aneignung des interkulturell sensibilisierten Bewusstseins, dass das eigenkulturelle Sinn- und Orientierungssystem nur eines von vielen ist. Aus dieser konstruktiven Selbstrelativierung speist sich eine echte Verständigung. Hier geht es keineswegs um eine Kommunikation, in der nur Gemeinsamkeiten als Grundlage der Kommunikation gesucht werden, sondern auch Unterschiede, die erhellend sind.

Einen interkulturellen Kompetenzstandard gibt es nicht, weil Kulturen keine Fixpunkte darstellen. Interkulturelle Kompetenz ist stets als ein offener Prozess zu begreifen. Sie ist kein ›Werkzeugkasten‹ oder ›Kompetenzkatalog‹, der in jedem Fall anwendbar wäre.[24] Nicht nur weil Kulturen dynamisch und veränderbar sind, sondern auch weil in Situationen und Kontexten Menschen als Akteure auftreten, die sich und ihre Umwelt unterschiedlich wahrnehmen und unterschiedlich sozialisiert sind. Diese Mannigfaltigkeit erfordert die Anwendung von adäquaten Kompetenzen.

Empathie ist grundlegend für die zwischenmenschliche Interaktion. Im Allgemeinen bedeutet sie, sich in die Situation des Anderen hineinzuversetzen. Sie ermöglicht den Kommunizierenden, die Welt aus einer jeweils anderen Perspektive betrachten zu lernen. Je tiefer sich die Kommunizierenden in ihre Lebenswelt hineinfühlen können, desto mehr erfahren sie voneinander.

Empathie hat zwei Seiten mit vielen Dimensionen. Sie beruht grundsätzlich auf Gegenseitigkeit. Wer Empathie gibt, darf auch Empathie erhalten. Ohne dieses Prinzip verfehlt jeder Versuch, ernsthaft kommunizieren zu wollen, sein Ziel. Echte Empathie bedeutet also respektvolles Verstehen der Erfahrungen und Erlebnisse anderer Menschen. Sie sucht weder Belehrung noch die Erteilung von direkten oder indirekten Ratschlägen. Insofern heißt Empathie verstehendes Zuhören und lernendes Verstehen.

Zwei Kommunikationsmodelle sind voneinander zu unterscheiden: Listen- oder Strukturmodelle. Während Listenmodelle

---

24 Vgl. hierzu Erdem, Fatma: *Interkulturelle Kompetenz in der Sozialarbeit*, 2011.

relevante Teilkompetenzen wie Empathie und Ähnliches enthalten, sind Strukturmodelle *hingegen* eher systemisch-prozessual orientiert und ordnen Einzelfähigkeiten bestimmten Dimensionen zu.[25] Schwerlich können wir Kataloge erstellen, in denen aufgelistet ist, wie Menschen aus unterschiedlichen Kulturräumen denken, fühlen und handeln. Dies ist nur mit Einschränkung auf bestimmte Individuen bezogen möglich. Solche Kataloge, die des Öfteren als wesentlich betrachtet werden, sind praktisch jedoch unbrauchbar. Eine echte Verständigung des Eigenen und des Anderen ist ohne zureichende Kenntnis beidseitiger Gewohnheiten, Sitten und der anderen anthropologischen Faktoren illusorisch.

Bei der Aneignung interkultureller Kompetenz spielen politische Beziehungen sowie Art und Weise der medialen Berichterstattungen in Zeitungen und Fernsehreportagen eine wichtige Rolle. Betrachten wir das in Deutschland medial erzeugte Bild über Länder wie die USA, den Iran oder China, so wird ersichtlich, wie tendenziös die Auslandsberichterstattung zumeist ist und uns erschwert, zwischen Wahrheit und Dichtung unterscheiden zu können.

Es gibt verschiedene Wege, sich trotz des medial aufgearbeiteten Bildes, die erforderlichen Kompetenzen anzueignen. Der beliebteste Weg führt über Sekundärliteratur wie Reisebeschreibungen der Länder oder Einführungen über Land und Leute. Eine weitere Möglichkeit ist die Einsicht in Primärliteratur; in Bücher, die von Wissenschaftlern dieser Länder geschrieben sind und in Übersetzung vorliegen.

Die vorhandenen Berichtsformen bilden zumeist die Grundlage unserer Wahrnehmung. Wir müssen uns aber dessen bewusst werden, dass auch dann noch Informationen wegen mangelnder Kenntnis unstatthaft verallgemeinert schief, übertrieben oder politisch motiviert sein können.[26] Hier ist die medienpädagogi-

---

25 Vgl. hierzu Bolten, Jürgen: *Interkulturelle Kompetenz*, 2006, S. 163 f.
26 Vgl. hierzu Klemm, Michael: *Verstehen und Verständigung aus medienwissenschaftlicher Sicht*, 2013.

sche Dimension im interkulturellen Vergleich von Bedeutung, weil viele unserer Erkenntnisse über die Anderen durch mediale Instanzen gewonnen werden.

Worauf müssen wir achten, wenn wir mit Anderen eine Partnerschaft oder eine Geschäftsbeziehung eingehen möchten? Wir müssen uns nicht nur vergegenwärtigen, was im jeweiligen Falle das Eigene und das Andere ist. Aus dieser Erkenntnis heraus ergibt sich auch, was wir im Dialog hoffen dürfen und worauf wir zu verzichten haben. In einem nächsten Schritt werden wir unsere Wahrnehmungen, Interpretationen und Gefühle, also die Welt des Eigenen, mit der Welt des Anderen in Beziehung setzen und daraus vorläufige Schlüsse für weitere Schritte ziehen. Auf diesem Wege sind mindestens drei Prozessschritte unter Berücksichtigung von drei Grundkompetenzen der Kommunikation zu beachten:

Diese drei Grundkompetenzen umfassen weitere Kompetenzen, die wir benötigen, um situations- und kontextangemessen agieren zu können. Es handelt sich um folgende Kompetenzen: hermeneutische Kompetenz, um Gedankenwelten und Texte zu verstehen, spekulative Kompetenz, um den Blick des Anderen empathisch zu erfassen, analytische Kompetenz, um Terminologien entsprechend zu erschließen, und schließlich dialektische Kompetenz, um Konflikte auf der Grundlage der Überlappungen zu lösen.

Solche handlungsorientierten Kompetenzen kommen zum Einsatz, wenn zwei Partner z. B. aus dem Orient und Okzident kommen. Die Verhandlungspartner werden sich zu vergegenwärtigen haben, dass sie zwei unterschiedlichen Kulturräumen und Religionen mit verschiedenen soziokulturellen und lebensweltlichen Hindergründen angehören, die nicht fundamental anders sind. Hier sind religions- und kulturpädagogische Dimensionen samt ihrer Kontextualitäten zu berücksichtigen. Die Partner müssen sich über Gebote und Verbote des Alltags informieren, wie Speisen und Getränke. Der Konsum von Alkohol ist in vielen arabisch-islamischen Ländern, wie dem Iran, sogar verboten. Hier ist die sozialpädagogische Dimension im interkulturellen Vergleich unverzichtbar. Die Gesprächspartner haben darüber hinaus auf das Zeitverständnis ihrer Gastländer zu achten. Das Verständnis von Pünktlichkeit oder Unpünktlichkeit lässt sich nicht generalisieren; es ist individuell unterschiedlich. Verschiedenheiten dürfen nicht als Affront gewertet werden, sondern als Bereicherung.

Die Kommunizierenden müssen die Höflichkeits- und Begrüßungsformen der Gastländer unter Berücksichtigung der Individualitäten und Ausnahmen betrachten, ohne in Stereotype zu verfallen. Dies hängt damit zusammen, dass eine *bestimmte* Verhaltensform, die in einem Kulturkontext innerhalb oder außerhalb eines Kulturraumes erwartet wird, in einem anderen Kontext als völlig unangemessen empfunden werden kann. Es gibt Menschen, die, wie schon angeschnitten, kultur- und kontextunabhängig gewisse ritualisierte Begrüßungsformen pflegen, indem sie sich gegen die Faust schlagen oder sich ans Ohrläppchen fassen. In weiten Teilen Asiens gilt Verbeugung mit oder ohne Handschlag als Begrüßung. Es gibt auch lächelnd umarmende oder auf die Schulter klopfende Grußformen, die eine gewisse Freude zum Ausdruck bringen. In anderen Kulturgegenden wird mit Blick auf den Boden oder in die Augen gegrüßt.

Diese Diversität der Begrüßungsformen verweist darauf, dass Kommunizierende die erwähnten Kontexte, Situationen und Individuen zu beachten haben. Keinesfalls dürfen die Verhältnisse nur durch die eigenkulturelle Brille gesehen, bewertet und generalisiert werden.

Eine echte Verständigung bleibt ohne die Aneignung solcher Kernkompetenzen eine Wunschvorstellung. Die Kommunizierenden haben bei diesem Aneignungsprozess nicht nur Kulturgebundenheiten zu erkennen und Respekt zu entwickeln. Sie werden auch Verabsolutierungen vermeiden und Schnittmengen suchen. Das Endziel einer interkulturellen Kompetenz ist Verstehen-Wollen und Verstanden-werden-Wollen. Hierin liegt die Chance einer echten Verständigung.

Der Bedarf an interkultureller Kompetenz zeigt sich, wie wir gesehen haben, auf allen Ebenen der nationalen und internationalen Beziehungen. Bloßes Fachwissen hilft nur in seltenen Fällen. Erforderlich sind in der Regel persönliches Engagement und Geschick, mit einer feinfühligen Empathiefähigkeit. Wir können unsere Wirkung auf das Andere einschätzen, wenn verstanden worden ist, wie kulturelle Prägung entsteht.

Folgendes ist kritisch anzumerken: In fast allen Einführungen in die interkulturelle Kompetenz wird betont, dass die europäisch-westlichen Geschäftspartner selbstbewusst auftreten, auf klare Kommunikation setzen, um Respekt zu erzeugen, rational verhandeln und auf Pünktlichkeit großen Wert legen, während außereuropäischen Geschäftsleuten bescheinigt wird, traditions- und hierarchiebewusst aufzutreten, sich nicht so sehr um Pünktlichkeit zu bemühen und alles auf harmonischer oder sogar freundlicher Ebene abwickeln zu wollen.

Eine Tatsache entgeht diesen Einführungen, denn wo es um Geschäfte geht, geht es um theoretische und praktische Klugheit und weniger um Tradition und Hierarchie. Der Schein trügt: Hierarchisches Auftreten kann eine Taktik sein, in der der Partner bewusst unseren Vorurteilen entspricht. So werden sie für uns unberechenbar bleiben, weil wir oft den Fehler begehen, die Welt *ausschließlich* durch unsere Brille zu betrachten und zu bewerten.

Gut geschulte Führungspersonen wissen sehr genau, dass alle Geschäftsbeziehungen auf nationaler und internationaler Ebene auf Harmonie und vor allem auf guten Beziehungen gründen. Um eigene Ziele zu erreichen, werden unterschiedliche Formen der Klugheit praktiziert. Insofern wäre es stets angebracht, nicht mit einem vorgefassten Bild das Andere zu sehen, sondern das Bezugssystem des Anderen durch die Brille des Anderen zu betrachten. Darin liegt der wahre Kern einer jeden reflektierten Art interkultureller Kompetenz.

Interkulturelle Kompetenz in diesem Geiste bedeutet zu lernen, Verhaltensweisen aus verschiedenen Perspektiven zu betrachten und nachzuvollziehen. Auf diese Weise entwickeln wir ein gewisses Maß an kultursensitivem Bewusstsein, um den Werten und Normen des Eigenen und des Anderen, wenn auch nur teilweise, gerecht zu werden.

2.2.3 Warum sind Wortbedeutungen zu beachten?

Wir alle kennen den Ausdruck ›Das war nicht so gemeint!‹ Dieser Satz besagt, dass wir während des Gesprächs ein Wort oder eine Formulierung gewählt haben, ohne zu bedenken, welche Wirkung unsere Äußerung auf den Gesprächspartner haben kann. Beim Reden ereignen sich solche Situationen häufiger als bei der Anfertigung eines Schriftstücks. Stellen wir uns einmal die folgende Situation vor:

> Sie fragen den Leiter einer Firma im Rahmen eines Vorstellungsgespräches, ob er mit Ihnen für die Vertiefung der gewonnenen Ergebnisse auch einen früheren Termin nennen könne als vereinbart. Der Leiter erwidert: ›Da müssen Sie aber meine Mädels fragen.‹

Nun gibt es verschiedene Möglichkeiten, die Äußerungen des Leiters zu interpretieren. Meint er vielleicht Mitarbeiterinnen, mit denen er ein intimes Verhältnis unterhält oder macht er viel-

Interkulturelle Kommunikation

leicht auf seinen flapsigen Umgang mit seinen Mitarbeitern aufmerksam. Sie können seine Art und Weise auch als mangelnde Wertschätzung des Leiters gegenüber seinen Mitarbeitern begreifen. Es gebe freilich auch die Möglichkeit, ihn zu fragen: ›Meinen Sie vielleicht Ihre Mitarbeiterinnen?‹

Diese irritierende Gesprächssituation macht deutlich, dass wir mit unserer Sprache nicht gedankenlos umgehen dürfen. Jede Sprache eröffnet uns Zugang zu durchaus verschiedenen Welten. Eine unüberlegte Wortwahl kann für die zwischenmenschliche Beziehung dramatische Konsequenzen haben.

Die Aussage des Politikers zu einer Reporterin ›Sie können ein Dirndl auch ausfüllen‹ ist ein weiteres Beispiel für Äußerungen, die unterschiedlich aufgefasst werden können. Wahrscheinlich wollte sich der Politiker, ähnlich wie der Firmenleiter, aus seiner höheren Position heraus ein witziges Kompliment erlauben. Die Wortwahl wird ihm jedoch zum Verhängnis, weil die Reporterin diesen Ausdruck aufgrund ihres eigenen Bezugssystems als sexistische Impertinenz einordnete.

Die Wortwahl der beiden Führungspersonen sagt stets etwas aus über ihre soziale Einstellung und Wertschätzung dem Anderen gegenüber.

Diese Beispiele aus eigenkulturellem Umfeld können im Rahmen einer interkulturellen Begegnung noch erheblich gravierendere Folgen für die Gesprächspartner haben. In solchen Kontexten kommt die Mehrdeutigkeit von Begriffen zum Tragen. Die Äußerungen ›Da müssen Sie aber meine Mädels fragen‹ und ›Sie können ein Dirndl auch ausfüllen‹ können übersetzt in einer anderen Sprache derartige Missverständnisse erzeugen, dass sie womöglich zum völligen Abbruch der Kommunikation führen.

Stellen Sie sich einmal vor, Sie sind in einem orientalischen Land geschäftlich unterwegs und führen ein Gespräch mit einem Firmenleiter, der auf die gleiche Frage antwortet: ›Da müssen Sie meine Mädels fragen!‹ Es kann durchaus sein, dass bei Ihnen der Eindruck entsteht, im Orient hätten Männer dieser Position alle ihren eigenen Harem. Sie könnten vermuten, dass Sie im Falle einer Einstellung ebenfalls zu seinen ›Mädels‹ gehören würden.

›Nein‹, würden Sie vielleicht sagen, ›auf eine solche ›Mitarbeit‹ möchte ich gerne verzichten‹.

Diese Beispiele machen deutlich, dass die Wortbedeutungen nicht nur *intra*kulturell, sondern gerade *inter*kulturell Missverständnisse hervorbringen können, welche für die zwischenmenschliche Kommunikation von erheblicher Bedeutung sind. Das Gebiet, in dem diese Fragen diskutiert werden, ist die interkulturelle Semantik.

Interkulturelle Semantik hat kontextuell bedingte Äußerungsformen zum Gegenstand. Ihr Ziel ist es, interkulturell bedingte Störungen, Missverständnisse und Konflikte zu analysieren, die durch einen kontextspezifischen Wortgebrauch verursacht werden bzw. verursacht werden könnten. Hierbei sind Bedeutung und Sinnebenen zu beachten, die stets mit völlig unterschiedlichen Vorstellungen verknüpft sind. Auch ist die Distributionsanalyse, d.h. die Kontext- und Feldanalyse wesentlich. Das folgende Beispiel zeigt die Relevanz einer solchen Analyse[27]:

> Ein Cowboy und ein Indianer treffen sich in der Prärie. Der Indianer zeigt mit dem Zeigefinger auf den Cowboy. Der hebt als Antwort Zeigefinger und Mittelfinger gespitzt hoch. Der Indianer faltet die Hände vor dem Gesicht. Da schüttelt der Cowboy locker seine rechte Hand. Beide reiten davon.
>
> Der Cowboy kommt heim zu seiner Frau und erzählt: »Stell' dir vor, ich habe heute eine Rothaut getroffen. Sie hat mit dem Zeigefinger gedroht, mich zu erschießen. Da habe ich dem Indianer mit der Hand verdeutlicht, dass ich ihn zweimal erschießen würde. Und weil er mich prompt um Gnade gebeten hat, habe ich ihm zu verstehen gegeben, er solle verschwinden.«
>
> Einige Meilen westlich, im Wigwam, erzählt der Indianer seiner Squaw: »Stell' dir vor, ich habe heute ein Bleichgesicht getroffen. Ich habe ihn gefragt: ›Wie heißt du?‹ Da hat

---

27 Koch, Peter u. a. (Hrsg.): *Neues aus Sankt Eiermark,* ²1997, S. 57 f.

er mir geantwortet: ›Ziege‹. Da hab' ich ihn gefragt: ›Bergziege?‹ Und da hat er geantwortet: ›Nein, Flussziege‹.«

Dieses Beispiel führt drastisch vor Augen, dass Bedeutung und Sinnebenen kontextuell mit unterschiedlichen Vorstellungen verbunden sind, die unvermeidlich Missverständnisse erzeugen und zu Abgrenzung und Feindseligkeit führen können.

Hochgradig problematisch sind auch Höflichkeits- und Grußfloskeln sowie Hotwords, heiße Wörter. Es handelt sich um Wörter, die je nach Situation und Kontext stark positive oder negative Emotionen hervorrufen.

Das persische Wort ›Nazi‹ ist im interkulturellen Vergleich ein solches Hotword. Im Persischen bedeutet dieser Ausdruck ›Oh, wie süß‹ bzw. ›Du bist aber hübsch!‹, während das Wort ›Nazi‹ im Deutschen mit Faschismus identifiziert wird. Wenn ein Iraner einem deutschen Mädchen auf Persisch ›Nazi‹ sagt, macht sich zunächst eine starke Irritation breit. Die Antwort dürfte klar sein: ›Ich bin keine Nazi‹. Während also dieses Wort im Persischen positive Emotionen hervorruft, ist es im Deutschen negativ besetzt.

Mit der Bezeichnung ›arisch‹ im Deutschen und Persischen verhält es ähnlich. Dieser Begriff bezeichnet ursprünglich einen der Stämme, die im Zuge der indoeuropäischen Wanderung in das Gebiet des heutigen Iran einwanderten. Die etymologische Wurzel des Wortes ›Iran‹ ist ›Eran‹, d.h. ›Das Land der Arier‹. Dieser Ausdruck ist im Persischen mit einer positiven Erinnerungskultur verbunden, während er im Deutschen mit der nationalsozialistischen Idee einer Reinheit der Rasse in Verbindung gebracht wird, die mit einer negativen Erinnerungskultur verknüpft ist. Deshalb ist die Verwendung des Wortes ›arisch‹ im Deutschen problematisch.

Es ist sinnvoll, die lautliche Übereinstimmung von Wörtern mit verschiedener Bedeutung und Herkunft zu beachten und sich dafür zu sensibilisieren. Das Gleiche gilt auch für das Vorhandensein mehrerer Bedeutungen, die es für ein Wort gibt. Wer dies beachtet, kann effektiv dazu beitragen, dass Missverständnisse korrigiert und Bedeutungen kontextuell erweitert oder richtiggestellt werden können.

Interkulturelle Semantik birgt ein Missverständnispotenzial, »weil die Kommunikationspartner in einer interkulturellen Kommunikationssituation die Wörter so gebrauchen, wie sie diese im Laufe ihrer Sozialisation in einem spezifischen kulturellen Kontext erlernt haben«[28] und wie sie für eine Sprach- und Kulturgemeinschaft gemeinhin in Wörterbüchern festgeschrieben sind. Semantisch bedingte Missverständnisse oder Konflikte treten auf, »wenn die Kommunikationsbeteiligten auf der Basis unterschiedlicher soziokulturell geprägter Bedeutungskonventionen miteinander interagieren, bzw. unterschiedliche Begriffssysteme aufeinander treffen.«[29]

Betrachten wir die deutschen Wörterbücher, so wird zu beobachten sein, dass der Wortschatz darin selten kultursensitiv dargestellt wird, d. h. dass soziokulturell eingespielte Einstellungen, Wertungen, Stereotype, Ideologien usw. kaum Erwähnung finden. In diesen Wörterbüchern gibt es keinen Hinweis auf ›Hotwords‹ wie Heimat, Moschee, Kopftuch oder Familie, die nicht leicht zu fassen und zu beschreiben sind.

Eine zentrale Aufgabe interkultureller Semantik besteht darin, unter Berücksichtigung verschiedener Wortbedeutungen im Vergleich der Sprachkulturen, eine offene und kontextsensibilisierte Verständigung zu fördern.

2.2.4 Wie verstehen sich das Eigene und das Andere?

Verstehen ist ein Schlüsselbegriff des menschlichen Lebens und damit auch ein Grundbegriff der Kommunikation überhaupt. Jeder Mensch ist auf seine Weise durchaus bemüht Sachverhalte zu ergründen, Texte zu erschließen, Sprachen zu erlernen, Theorien zu analysieren und Haltungen oder Mentalitäten zu begrei-

---

28 Kühn, Peter: *Interkulturelle Semantik,* 2006, S. 26.
29 Ebenda, S. 9.

fen. In all diesen Bemühungen geht es letzten Endes um das Verstehen. Angemessenes Verstehen hat nicht nur eine sachlich-rationale, sondern auch eine emotionale Dimension.

Max Weber unterscheidet zwei Verstehenstypen, die rational oder irrational sein können: aktuelles und erklärendes Verstehen. Die Intention des Betrachters ist stets ausschlaggebend dafür, wie jeweils vorgegangen wird.[30] Das *aktuelle* Verstehen bezieht sich auf die deutende Erfassung des laufenden Handlungssinnes, während das *erklärende* Verstehen Gründe für dieses oder jenes spezifische Verhalten erfasst. Hierbei wird, um einen Ausdruck Webers zu gebrauchen, ›motivationsmäßig‹ zu verstehen versucht, aus welchem Affekt heraus gelacht, gestritten oder mit dem Auto statt mit der Straßenbahn gefahren wird. Dabei ist anzumerken, dass Interpretationen menschlicher Handlungen ebenfalls ›motivationsmäßig‹ erfolgen.

Interkulturelles Verstehen ist über diese Verstehensform hinaus eine besondere Art des hermeneutischen Umganges mit dem Anderen. Dies hängt damit zusammen, dass sich die kommunizierenden Sachverhalte auch hier aus unterschiedlichen Sinn-, Orientierungs- und/oder Symbolsystemen heraus erschließen, analysieren oder ergründen.

Interkulturelles Verstehen und interkulturelle Hermeneutik gebrauche ich synonym. Sie beschreibt ursprünglich ein methodisches Regelwerk des Verstehens, der Auslegung und der Erklärung von Texten, Kunstwerken aber auch von Zusammenhängen in unterschiedlichen kulturellen Kontexten, in denen es um das Wechselverhältnis zwischen dem Eigenen und dem Anderen geht.

Wir kennen das berühmte Kippbild von Ente und Hase. Bei der Betrachtung dieses Kippbildes lässt sich von der rechten Seite her eine Ente und von der linken Seite her ein Hasenkopf wahrnehmen. Welches Kippbild ist richtig und wer bestimmt dies?

---

30   Vgl. Weber, Max: *Wirtschaft und Gesellschaft,* 2010, S. 6 f.

Interkulturelle Kommunikation

Das Kippbild verdeutlicht, dass es verschiedene Betrachtungsarten gibt. Es zeigt ebenfalls die Bedeutung der Hermeneutik für mögliche Interpretationen, Sachverhalte, Theorien oder Wahrnehmungen.

Die weiter vorne bei der Frage nach Kommunikation diskutierte Parabel mit dem Hammer ist ein zusätzliches Beispiel für die Erklärung dessen, was Hermeneutik ist. Wir sehen, dass ein Mann vorhat, ein Bild in seinem Zimmer aufzuhängen. Ihm fehlt hierzu ein Hammer. Weil sein Nachbar einen hat, beschließt er, unverzüglich zu ihm zu gehen, um ihn um den Hammer zu bitten.

Urplötzlich regen sich bei ihm Zweifel. Ihm geht die Frage durch den Kopf, was wäre, wenn der Nachbar ihm den Hammer doch nicht ausleihen würde. Seinen Zweifel verbindet er mit der Unterstellung, dieser habe ihn gestern ›nur flüchtig‹ gegrüßt. Er geht mit einem konstruierten Bild seines Nachbarn ins Gericht und urteilt: ›Er muss etwas gegen mich haben.‹ Dabei konstruiert sich der Hammersuchende eine Opferrolle und bildet sich in seinem stillen Kämmerlein gleichsam ein, er selbst würde jedem sein Werkzeug zur Verfügung stellen, wenn es jemand von ihm borgen wollte.

Während er sich für gütig und hilfsbereit hält, erklärt er den Nachbarn für eine seltsame Person: ›Leute wie dieser Kerl vergiften einem das Leben!‹ Er geht in seiner Einseitigkeit so weit, dass

Interkulturelle Kommunikation

er dem Nachbarn weiter unterstellt, dieser wisse doch, dass er gerade auf ihn angewiesen sei, aber weil bloß er im Besitz eines Hammers sei, wolle er ihn im Regen stehen lassen.

Irgendwann hat der Mann es satt und sagt laut zu sich: ›Jetzt reicht es mir!‹ Er rennt zum Nachbarn hinunter und klingelt. Der Nachbar öffnet, und er schreit ihn an: ›Behalten Sie sich Ihren Hammer, Sie Rüpel!‹

Hermeneutik kann, wie diese Parabel lebhaft vor Augen führt, auf den Horizont des Eigenen beschränkt bleiben oder den Horizont des Anderen einbeziehen, um eine Horizontüberlappung herbeizuführen. Bevor ich auf die Analyse dieser Parabel zu sprechen komme, unterscheide ich zwei Formen von Hermeneutik: apozyklische und enzyklische.

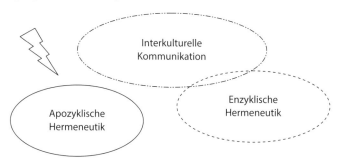

Apozyklische Hermeneutik beschreibt eine reduktive Form des Verstehens und beschränkt sich auf Selbsthermeneutik. Diese traditionelle Methode der Hermeneutik ist zweidimensional, weil die Kommunizierenden *ausschließlich* eigene Sichtweisen in den Vordergrund stellen. Eine reine apozyklische Identitätshermeneutik, die alles der eigenen Denk- und Lebensform anpassen will, ist nicht tragfähig, weil sie darauf hinausläuft, dass sich die Kommunizierenden nur dann verstehen würden, wenn sie die gleichen Anschauungen hätten. Die reduktive Ausrichtung dieser Verstehensform zeigt sich in ihrer Einseitigkeit. Letzten Endes geht es darum, wie ich *erstens* meine *eigene* Denkform betrachte und wie ich *zweitens* die Einstellung des Anderen wahrnehme.

Enzyklische Hermeneutik versteht sich *hingegen* als eine argumentative Methode, die darauf ausgerichtet ist, das beziehungslose Nebeneinander des Eigenen und des Anderen in ein interaktives Miteinander zu verwandeln. Sie ermöglicht Schnittmengen und Übergänge in unterschiedlichen Kontexten um die Grundlage einer Verständigung gemeinsam herbeizuführen.

Diese Verstehensform erweist sich als hilfreich, wenn Interesse an einer argumentativen und echten Verständigung auf gleicher Augenhöhe besteht. Besteht eine solche Neugier, so erweitert sich der Horizont des Verstehens. Es wird nicht nur gefragt: Wie betrachte ich mich und die Anderen, sondern auch wie betrachten *andere* sich selbst und *mich*. Diese vierfache Offenheit enzyklischer Hermeneutik eröffnet einen Prozess mit vielen interdisziplinären Dimensionen, welche für die Beschreibung, Analyse und Förderung einer ausgewogenen Kommunikationssituation grundlegend sind.

Die Parabel ist ein typisches Beispiel für die apozyklische Hermeneutik. Der Hammersuchende bildet, seinen eigenen Vorurteilen entsprechend, Vermutungen und Urteile, ohne mit dem Nachbarn ein Wort gesprochen zu haben. Das gesamte Szenario spielt sich bloß in seinem Kopf ab. Wichtig für ihn ist – das ist die Botschaft der Parabel – wie er sich selbst sieht und was er von seinem Nachbarn hält bzw. auf ihn projiziert.

Diese Parabel verdeutlicht darüber hinaus, dass Kommunikationen oft scheitern, weil die Kommunizierenden nicht bereit sind, sich ihrer Vermutungen und Schlussfolgerungen gegenüber dem jeweils Anderen zu vergewissern. Hier haben Unterstellungen mitunter dramatische Folgen. Der Ausdruck ›Sie Rüpel!‹ ist eine theoretische Gewalt, die durchaus auch in praktische Gewalt umschlagen kann.

Eine enzyklische Hermeneutik, die im Ansatz darauf ausgerichtet ist, Denk- und Wahrnehmungshorizonte miteinander dialogisch und durchaus kritisch zu verknüpfen, würde dem Hammersuchenden helfen, den Hammer des Nachbarn, der ihn doch jeden Tag freundlich grüßt, zu bekommen, ohne ihm Bösartigkeiten zu unterstellen.

Diese Beispiele mögen deutlich gemacht haben, was Verstehen ist und wie grundlegend umfassendes Verstehen-Wollen und Verstanden-werden-Wollen des Eigenen und des Anderen für die Verwirklichung der Kommunikation ist.

Verstehen und Interpretieren wäre kaum möglich, wenn Differenzen signifikant und fundamental wären. Es wäre indes völlig irrelevant, wenn es keine Unterschiede gäbe. Zwischen diesen beiden Extrempositionen tritt ein Lernprozess von Verstehen, Verständigung und Kritik ein, aus dem sich Begegnungen speisen. Zwischen diesen Extrempositionen liegt die Möglichkeit von Verstehen und Interpretieren. Letztlich gibt es keine absolute Möglichkeit des Verstehens oder des Interpretierens.

2.2.5 Wozu sind Vergleiche gut?

Komparatistik bzw. Vergleichsmethode ist der Name einer wissenschaftlichen Arbeitsweise, die in allen Disziplinen eine feste Verankerung hat. Gegenstand der Komparatistik ist der Vergleich mindestens zweier Objekte, die miteinander in Beziehung gesetzt werden. Dabei sind die Absichten des Betrachters grundlegend.

Ziel eines jeden Vergleiches ist das Erkennen und Verstehen von ›was?‹, ›wie?‹, ›wo?‹ und ›warum?‹ eines Themas oder mehrerer Objekte. Der Bereich der Komparatistik ist die Welt der Objekte, zu denen auch Symbole, Vorbilder, Rituale und Werte gehören. Die folgenden zwei Beispiele vermögen zu zeigen, was Vergleiche sind und was sie erhellen können:

> **Erstes Beispiel:** Markus und Mehmet haben sich zufällig im Urlaub an der französischen Côte d'Azur kennengelernt und waren sich auf Anhieb sympathisch. Beide sprechen Französisch und unterhalten sich über ihre jeweiligen Heimatländer.
>
> Markus mag die Türkei, obschon er sie nur aus den Erzählungen seiner Eltern kennt. Er ist der Sohn eines deut-

schen Ingenieurs, der einige türkische Pipelines mit konstruiert hat.
Mehmet liebt Deutschland. Er ist der Sohn eines ehemaligen türkischen Gastarbeiters, der allerdings aufgrund der frühen Scheidung seiner Eltern in der Türkei bei seiner Mutter aufwächst. Auch er kennt Deutschland nur aus den Erzählungen seines Vaters, der ihn ab und zu in der Türkei besucht.
Mehmet kann kein Deutsch und Markus kein Türkisch. Nun soll sich dies ändern. Markus erzählt, sein Vater möge die Türken sehr. Neben der Arbeit hätten sie viel Zeit für Freundschaften, die sie häufig zu Seilschaften ausbauen würden. Insgesamt seien sie eher beziehungsorientiert und räumten dem Smalltalk viel Zeit ein, auch wenn sie geschäftlich unterwegs seien. Allerdings seien die Türken unpünktlich und man wisse nicht immer, woran man bei ihnen sei, denn sie redeten indirekt miteinander und kämen nicht recht zur Sache. Von seinem Vater weiß Markus, dass die Türken es mit der Treue nicht so genau halten und Vielweiberei pflegen. Ihren Frauen verböten sie alles und selbst nähmen sie sich allerlei Freiheiten heraus. Für ihn ist die gesamte außereuropäische Welt solcherart chaotisch. Ihm scheint diese lässige Art wie ein Schlaraffenland, weil er sich ungern anstrengt.
Mehmet sieht in den Deutschen in vielen Dingen das Gegenteil dessen, was sein Freund Markus über die Türken sagt. Deutschland sei das Land der Dichter und Denker; Pünktlichkeit sei für die Deutschen das Maß aller Dinge. Sie arbeiteten sehr planvoll und aufgabenorientiert, weil Zeit für sie Geld bedeute. Daher pflegen sie keine Freundschaften. Die Deutschen trennten Privatleben und Beruf; sie protokollierten alle Schritte ihrer Geschäfte und führen zuhause Tagebuch. Zudem seien sie immer zu ihren Partnern menschlich distanziert und kämen direkt zum Geschäft. Für Mehmet sind alle Europäer von solchen Charakteristika

geprägt. Er findet diese Mentalität ideal und will alles tun, um Deutsch zu lernen, da er später in Deutschland leben und Karriere machen will, so wie es sein Vater früher – in bescheidenem Rahmen – ebenfalls getan hat.

Zweites Beispiel: Der Philosoph Martin Heidegger unternimmt, wie er in seinem Tagebuch vermerkt, im Jahre 1962 mit dem Kreuzfahrtschiff ›Jugoslavija‹ eine Reise nach Griechenland: »Nach der zweiten Nachtfahrt zeigte sich früh am Morgen die Insel Korfu, das alte Kephallenia. Ob dies das Land der Phäaken war?« Heidegger ist vom Anblick der Insel enttäuscht. Was er sieht, stimmt so gar nicht mit dem überein, was er im 6. Buch der Odyssee bei Homer gelesen hatte. Er zweifelt daran, ob seine Eindrücke authentisch sind und meint: »Aber Goethe erfuhr doch in Sizilien zum ersten Mal die Nähe des Griechischen.«[31] Aufgrund dieser ›Realitätsverunsicherung‹ entschließt er sich, nicht an Land zu gehen.

Für die Bewertung solcher disparater Vorstellungswelten erweisen sich traditionelle Methoden und Maßstäbe als weniger hilfreich, weil sie in der Regel einen dualen Charakter besitzen. Wir benötigen Methoden und Bewertungsmaßstäbe, die kontextangemessen sind. Mein Vorschlag wäre die Einführung einer interkulturellen Komparatistik. Sie ist eine Methode, Sachverhalte aus kulturell unterschiedlichen Kontexten miteinander in Beziehung zu setzen.

Die vergleichende Beobachtung und Erklärung von Zusammenhängen kann von *innen* oder von *außen* erfolgen. Vergleichen von *innen* bedeutet, den Sachverhalt durch das Studium vor Ort zu verstehen, während vergleichen von *außen* besagt, den Sachverhalt durch Sekundärliteratur zu beschreiben. Ich unterscheide zwischen interkultureller und reduktiver Vergleichsanalyse:

---

31 Heidegger, Martin: *Aufenthalte,* 2000, S. 218 f.

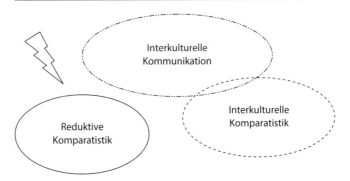

Interkulturelle Komparatistik ist eng verbunden mit einer enzyklischen Form der Hermeneutik, die das Bezugsystem des Eigenen und des Anderen gleichermaßen in Betracht zieht. Diese Vorgehensweise vermeidet eine Generalisierung und geht, wie alle bisherigen Korrelatbegriffe, von Kulturen als offenen und dynamisch-veränderbaren Sinn- und Orientierungssystemen aus.

Interkulturelle Komparatistik ist standpunktbeweglich, um das weise Maß treffen zu können. Sie bedeutet, so zu verfahren, dass die Anderen sich im eigenen Vergleich widergespiegelt sehen. Sie bedeutet auch, die eigene Perspektive nicht zu verabsolutieren oder den Anderen ausschließlich als Objekt der eigenen Forschung zu betrachten. Ihr Vergleichsmaßstab wird nicht *ausschließlich* in eigener Tradition verabsolutierend verankert.

Die *reduktive* Komparatistik ist, wie die apozyklische Hermeneutik, methodisch und strukturell eindimensional. Sie reißt einen bestimmten Aspekt aus dem Zusammenhang heraus, variiert und vergleicht ihn und verallgemeinert ihn schließlich. Solche Vergleichsanalysen gehen zentristisch vor, indem sie alles vom eigenen Standpunkt heraus betrachten, bewerten und interpretieren.

Ein Vergleichsversuch von *außen* nach *innen* beruht in der Regel auf indirekten Quellen, wie z. B. dem bereits ausgeführten Reisebericht Heideggers. Probleme der interkulturellen Verständigung entstehen oft durch die Einordnung des Anderen nach eigenkulturellen Erwartungsstrukturen, wie der romantisierenden Konstruktion einer archaischen Vergangenheit.

Diese reduktive Komparatistik geht immer, bewusst oder unbewusst, mit einer apozyklischen Hermeneutik einher, die wegen ihrer strukturellen Beschaffenheit hierarchisch verfahren muss:

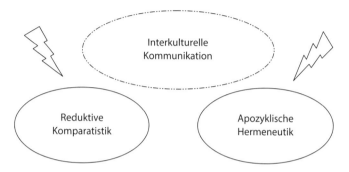

Eine Folge solcher Orientierungen ist in der Regel der Konflikt oder Abbruch der Kommunikation. Diese Vorgehensweise hat einen stark generalisierenden Charakter, wobei der zugrunde gelegte Kulturbegriff ein geschlossener mit konstanten Merkmalen ist.

Ein Problem der reduktiven Komparatistik besteht darin, in vielen Fällen die Praxis des Anderen mit der Theorie des Eigenen zu vergleichen. Daran entzünden sich Probleme, welche die Kommunikationsbemühungen im Keime ersticken können, weil der Vergleichsmaßstab *ausschließlich* in eigener Tradition verabsolutierend verankert wird.

Nun möchte ich auf die Reise Heideggers nach Korfu und die Unterredung zwischen Markus und Mehmet zurückkommen.

Zum ersten Beispiel: Hier treffen zwei Weltbilder aufeinander, die unterschiedliche Betrachtungen zulassen. Markus und Mehmet geben das Weltbild vieler Menschen in ihren Heimatländern mit dem jeweiligen ›Bild‹ von soziokultureller Mentalität der Deutschen und Türken wieder.

Markus und Mehmet erträumen sich zwei Welten, die es in dieser Form nicht gibt. Die Türkei als ein Land, in dem Unpünktlichkeit und ein lässiges und zielloses Leben an der Tagesordnung sind, entspricht allen exotischen Klischees.

Dass Markus ein solches Bild von der Türkei hat, ohne dieses Land je persönlich kennengelernt zu haben, zeigt, wie wirksam solche Vorurteile bzw. reduktionistischen Einseitigkeiten sind und den Vergleichssinn der Menschen unmerklich negativ beeinflussen. Markus wird damit rechnen müssen, wahrscheinlich auf Widerstand zu stoßen, wenn er Derartiges seinen türkischen Freunden erzählt.

Das Gleiche gilt für Mehmets verklärtes Deutschlandbild, das ebenfalls eine ›gute‹ Grundlage ist, um sich kulturell zu entfremden. Beide Beispiele zeugen von einer reduktiven Komparatistik. Häufig leisten Literatur oder mediale Information solcher Einseitigkeit Vorschub.[32]

Markus und Mehmet sehen die Vielfalt weder innerhalb des eigenen Landes noch innerhalb des idealisierten Landes, weil sie nichts anderes gelernt haben. Sie können sich offenbar nicht vorstellen, dass es auch in der Türkei viele Menschen gibt, die pünktlich sind und ein planvolles Leben führen.

Zum zweiten Beispiel: Heideggers Reise nach Korfu ist ein weiteres Beispiel, wie die Literatur das Verhalten eines Menschen so weit beeinflussen kann, dass er sehr viel Zeit und Selbstüberwindung braucht, um dieses Gewand aus Vorurteilen abzulegen. Es ist bezeichnend, dass Heidegger, obwohl er mit der Realität konfrontiert wird, zumindest in diesem Augenblick die Realität nicht wahrnehmen will. Heideggers Weigerung, sich auf das Andere, auf das Risiko des interkulturellen Lernens einzulassen, lässt sich wohl mit seiner Angst erklären, sein »geprägtes und ›stimmiges‹ Bild in Frage stellen zu müssen.« Es ist die Angst, sich eingestehen zu müssen, dass einer Enttäuschung Täuschung vorausgeht. Es ist die Angst, dass sich unsere Bilder »als Konstruktionen« erweisen könnten, die mit der Realität nicht übereinstimmen.[33]

---

32 An anderer Stelle habe ich diese Problematik eingehend untersucht und dokumentiert. Vgl. Yousefi, Hamid Reza und Ina Braun: *Interkulturelles Denken oder Achse des Bösen*, 2005.
33 Vgl. Holzbrecher, Alfred: *Vielfalt als Herausforderung*, 1999, S. 2.

Beide Beispiele sind wesensähnlich, weil beide subjektive Eindrücke eines Anderen sind, denen nicht nur Mehmet und Markus, sondern auch der Philosoph Heidegger erliegen. Sie machen deutlich, dass reduktive Vergleiche ein Hindernis der Kommunikation darstellen. Weil der Mensch bewusst oder unbewusst vergleicht, ist die Frage von Bedeutung, *wann, wo, wie, was* und *warum* wir vergleichen. In vielerlei Hinsicht ergeben sich nicht nur Unterschiede, sondern auch verblüffende Schnittmengen, die mehr verbinden als trennen. Insofern scheint eine interkulturell ausgerichtete Komparatistik kontextangemessen in der Lage zu sein, die Sichtweisen des Eigenen und des Anderen miteinander dialogisch in Beziehung zu setzen, ohne sie gegeneinander auszuspielen oder reduktiv zu behandeln.

2.2.6 Wie werden wir uns gegenseitig gerecht?

Wer sich mit Toleranz beschäftigt, wird sich oft mit dem Vorwurf konfrontiert sehen, keine eigene feste Meinung zu haben, die er auch angemessen verteidigen könne. Wer sich in seine eigene eremitische Welt zurückzieht und die heile Welt unter dem Bodhibaum sucht, braucht in der Tat keine Toleranz. Es ist die kulturelle und erst recht die interkulturelle Vielfalt, die Toleranz zu einer zivilgesellschaftlichen Notwendigkeit werden lässt.

Wir kennen die Geschichte des großen Aufklärers Gotthold Ephraim Lessing, der mit seinem klassischen Drama ›Nathan der Weise‹ bemüht ist, dieser Vielfalt gerecht zu werden.

> Ein Mann erhält von seinem Vater einen Ring, den jener selbst von seinen Großeltern geerbt hat. Dieser Ring soll in der Lage sein, Menschen beliebt zu machen. Nun steht der Vater vor einem Dilemma. Er hat nämlich drei Söhne, die er, wie er immer wieder beteuert, gleichermaßen liebt. Mit zunehmendem Alter macht er sich darüber Gedanken, wem er diesen Ring vererben soll, damit er die Tradition der Ahnen würdig vertrete.

Nach langem Überlegen lässt sich der weise Vater eine Lösung einfallen. Er bittet seine Söhne einzeln zu sich und erzählt von seinem Plan, dass er der Sohn sei, dem er den Ring der Ahnen vererben wolle. Der Sohn müsse ihm aber versprechen, den anderen Brüdern diese Abmachung nicht zu verraten. Währenddessen lässt der schlaue Vater, der von seinen Eltern vermutlich genauso behandelt worden ist, den Ring von einem Goldschmied noch zweimal anfertigen. Die Ähnlichkeit der Ringe ist so verblüffend, dass selbst der Vater nicht mehr zu unterscheiden weiß, welcher Ring nun das Original ist.

Nach dem Tod des Vaters streiten sich die Brüder um den echten Ring, den sie jeweils im Geheimen vom Vater erhalten hatten. Jeder erhebt den Anspruch, über den wahren Ring zu verfügen.

In diesem Moment stehen drei Brüder einander gegenüber mit drei Ringen in der Hand, die für sie die Wahrheit der Ahnen verkörpern. Sie bringen den Streit vor Gericht, aber auch der Richter kann den echten Ring nicht erkennen. Den Brüdern erteilt er einen Rat. Er verweist auf die Wunderkraft des Ringes, der vor Gott und den Menschen angenehm mache und appelliert an die Vernunft der Brüder, weise zu versuchen, die Kraft des Steines in die Tat umzusetzen. Die Geschwister sollten nach den Maßstäben des Guten und des Wahrhaftigen leben und sich nicht auf die Wirksamkeit des Ringes verlassen, damit jeder sähe, wie gerecht der Besitzer sei. Die Brüder verfallen jedoch immer mehr in Egoismus, Habgier und Ignoranz.

Lassen wir die Begegnung der Völker in ihrer kulturellen und religiösen Vielfalt Revue passieren, so werden wir feststellen, dass die Frage nach der Wahrheit immer ein Grund der Streitigkeit darstellt, während Toleranz ein regulierendes Instrument für das weise Maß im Leben der Völker sein will. Sie ist bestrebt, Gemüter zu beschwichtigen und Offenheit zu entfalten. Die großartige

Erzählung Lessings ist aus diesem geistigen Fenster heraus zu betrachten: Toleranz, weil Vielfalt. Toleranz ist ungebrochener Wille zur Kommunikation.

Um dieser Vielfalt gerecht zu werden, sind viele Theorien aus den Gebieten der Ethik, der Theologie, der Religions- und Kulturwissenschaft und der politischen Philosophie entwickelt worden. Auch die Sozial- und historischen Wissenschaften forschen zunehmend über Toleranz in all ihren Formen und dem ihnen jeweils zugrunde liegenden menschlichen Handeln. All diese Theorien sind bestrebt, zu einem besseren Verständnis von Bedingungen, Störungen und einer normativer Basis der Toleranz beizutragen, um eine echte Verständigung zu ermöglichen.

Hierzu lassen sich eine Reihe von Dimensionen voneinander unterscheiden:

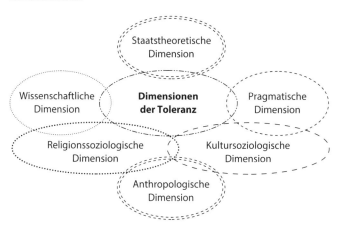

Diese Dimensionen der Toleranz hängen, wie die Abbildung zeigt, eng miteinander zusammen und verbinden verschiedene Perspektiven der Toleranz miteinander:
- die *anthropologische* Dimension besagt, dass Menschen sich tolerieren, weil sie einsichtig und vernunftbegabt sind,
- die *staatstheoretische* Dimension stellt die Frage nach der Bedeutung der Toleranz für die Vielfalt in der Gesellschaft,

- die *kultursoziologische* Dimension untersucht Toleranz unter Berücksichtigung von Milieus und kultursoziologischen Faktoren,
- die *religionssoziologische* Dimension analysiert religionsbedingte Unterschiede der Toleranzauffassung,
- die *wissenschaftliche* Dimension diskutiert Toleranz im Rahmen der mannigfaltigen Diskurse nicht nur innerhalb verschiedener Wissenschaften, sondern auch zwischen ihnen,
- die *pragmatische* Dimension stellt die Frage, warum es sinnstiftend ist, Toleranz als eine Maßnahme zur Gewaltprävention zu begreifen.

Interkulturelle Toleranz schließt alle diese Dimensionen in ihre Betrachtung ein. Sie ist eine aktive Haltung, Unterschiede und Schnittmengen im Verständnis der Kulturen und kulturellen Kontexte zu suchen, um gemeinsame Regeln für den Umgang miteinander auszuhandeln. Ihre Funktion ist die kritisch-dialogische Begegnung unterschiedlicher Denksysteme und Verhaltensregeln. In allen ihren Spielarten hat diese Form der Toleranz eine pädagogische Dimension. Es geht um eine praktische Pädagogik dialogischer Vermittlung, in der Verstehen-Wollen und Verstanden-werden-Wollen des Eigenen und des Anderen einen hermeneutischen Zugang zueinander finden.

Heute ist ein solches Vorgehen eine Notwendigkeit, weil immer mehr Menschen aus unterschiedlichen Hemisphären der Welt zusammenkommen, die verschieden sozialisiert und von unterschiedlichen Weltbildern geprägt sind. Es handelt sich um Toleranzmentalitäten in afrikanischen, asiatischen und europäischen sowie orientalischen und lateinamerikanischen Traditionen[34], die wir nicht in den Schatten einer Position stellen können, der wir in der Regel nur selbst anhängen.

Betrachten wir allein das Ubuntu-Konzept, Mitmenschlichkeit in südafrikanischen Traditionen, so stellen wir, was Toleranz

---

34 Vgl. hierzu Yousefi, Hamid Reza und Harald Seubert (Hrsg.): *Toleranz im Weltkontext*, 2013.

Interkulturelle Kommunikation

und Harmonie anbelangt, eine Reihe von Gemeinsamkeiten mit europäischen Konzepten der Toleranz fest. Ihr Unterschied liegt in den jeweiligen Betonungen von Individuum und Gemeinschaft. Der Selbstwert des Menschen wird in afrikanischen Traditionen durch andere Menschen gesehen: ›Ein Mensch ist ein Mensch durch andere Menschen.‹ Dieser Satz könnte als ein Leitmotiv und Gehalt einer globalen Toleranzpraxis gelten.

Aus der egoistischen und selbstbezogenen Lebensweise tritt ein Mensch mit Hilfe von Ubuntu heraus, indem er sich selbst in anderen Menschen wiedererkennt, gleichzeitig den Anderen aber auch in seiner Gesamtheit wahrnimmt und als eigenständigen, denkenden Menschen anerkennt. Dabei achtet er dessen Existenz als universelles Band, das alle Menschen miteinander verbindet. Das Ubuntu-Konzept wird zum Sinnbild dieses Bündnisses, welches den Menschen als Teil einer heterogenen Einheit begreifen lässt.[35] Das Gleiche gilt neben den europäischen auch für andere Toleranztraditionen.

Das folgende Beispiel scheint in diesem Zusammenhang erhellend zu sein: Walter Kerber hält es für unmöglich, im Islam »einen autochthonen Begriff der Toleranz« aufzufinden. Kerber stellt sich die Frage: »Wie drückt man Toleranz im Persischen oder Arabischen aus? Der Begriff in dieser Form existiert dort nicht; er wurde bei uns geschaffen.«[36]

Kerbers Unterstellung verdeutlicht, warum apozyklische Hermeneutiken bei der Bewertung einer Sache scheitern müssen. Er übersieht, dass die Ausdrücke ›Bordbari‹, ›Tahammol‹, ›Ravadari‹ oder ›Mosamehe‹ (persisch), ›Tasamoh‹ oder ›Tasahol‹ (arabisch), ›Hoşgörü‹, ›Müsamaha‹, oder ›Tahammül‹ (türkisch) begriffsgeschichtlich älter sind als ›tolerantia‹ im Lateinischen.[37]

Interkulturelle Toleranz bzw. Betrachtung der Toleranz in einem kulturübergreifenden Kontext bedeutet paradigmatisch, dass es mehr als ein Toleranzmodell gibt. Eine solche Annahme

---

35 Vgl. Graneß, Anke: *Toleranz in afrikanischen Traditionen,* 2013.
36 Kerber, Walter (Hrsg.): *Wie tolerant ist der Islam?* 1991, S. 79.
37 Vgl. hierzu Yousefi, Hamid Reza: *Toleranz in orientalischen Traditionen,* 2013.

erkennt Situativität, Kontextualität und Individualität als konstitutive Bestandteile einer jeden zwischenmenschlichen Kommunikation. Es ist durchaus möglich und auch verständlich, dass eine Person den gleichen Sachverhalt in verschiedenen Kontexten und Situationen unterschiedlich thematisiert und zu anderen Ergebnissen kommt. Nach diesem Toleranzverständnis hätten nur Ansichten und Absichten das Recht, sich zu bilden und nach außen hin zu vertreten, welchen die Achtung der Menschenwürde inhärent ist. Toleranz lässt somit Haltungen zu, solange sie nicht den Anspruch erheben, objektiv, endgültig und absolut zu sein.

Wer eine eigene Auffassung von Toleranz entwickelt und andere zwingt, ihre Handlungen danach zu richten, hält seine eigene Toleranzauffassung direkt oder indirekt für alleinseligmachend. Hier werden Gehäuse- bzw. Scheintoleranz mit echter Toleranz verwechselt. Gehäusetoleranz geht stets mit einem Gehäusedialog einher:

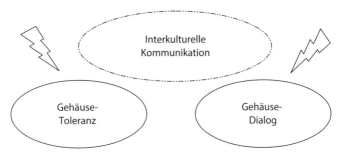

Während echte Toleranz offenes und kritisches Denken voraussetzt, ist Gehäusetoleranz eine Haltung, die Insidern gegenüber nur tolerant ist, solange sie sich dem Diktat des Gehäuses beugen. Ein Gehäuse ist eine Schutz bietende Gemeinschaft, die einen Sachverhalt vor einer gefährlichen Einwirkung von außen schützt.

Eine Kommunikation wird für relevant gehalten, wenn andere *ausschließlich* der eigenen Gehäuseauffassung entsprechen. Dialoge, die auf der Grundlage dieser Toleranzform beruhen, dürfen daher Gehäusedialoge genannt werden: Gehäusedialog ist ein

Scheindialog, der auch von vornherein eine verabsolutierte Meinung pflegt und letzten Endes die eigene Auffassung von Dialog durchsetzen will.

Diese Formen von Gehäusetoleranz und Gehäusedialog können in politischen, wissenschaftlichen oder weltanschaulichen Kontexten beobachtet werden, die in unterschiedlichem Maße einen Absolutheitsanspruch erheben und sich für universal halten.

Um dem Eigenen in der Vielfalt sein Recht zuzusprechen und dies verteidigen zu dürfen, ergeben sich auch Grenzen der Toleranz. Diese Grenzen können durch die Anwendung der enzyklischen Hermeneutik im Rahmen eines argumentativen Dialogs festgesetzt werden. Hier werden das Welt- und Menschenbild, die historische Bedingtheit vieler Gepflogenheiten und die religiösen Vorstellungen eines Volkes, unter Beachtung der Kontextualitäten, berücksichtigt, um die Verständigung angemessen fördern zu können. Dabei ist ebenfalls zu beachten, dass alle Toleranzgrenzen im Politischen, Wissenschaftlichen oder Weltanschaulichen untrennbar mit den bestehenden Machtverhältnissen verbunden sind.

Die religiöse Toleranztheorie von Gustav Mensching steht dem Ansatz der interkulturellen Toleranz sehr nahe, obgleich sie christozentrisch ausgerichtet ist. Mensching unterscheidet vier Gegensatzpaare der Toleranz, auf die ich kurz eingehen möchte[38]: Formale Toleranz und Intoleranz, inhaltliche Toleranz und Intoleranz, äußere Toleranz und Intoleranz sowie innere Toleranz und Intoleranz. Im Folgenden konzentriere ich mich auf formale und inhaltliche Toleranz mit ihren Gegenbegriffen der formalen und inhaltlichen Intoleranz:

Formale Toleranz bedeutet »das bloße Unangetastetlassen fremder Glaubensüberzeugungen«.[39] Eine derartige Haltung kann aus verschiedenen Gründen eingenommen werden, z. B. aus Gleichgültigkeit. Ein Beispiel für formale Toleranz ist die Gewährung von Glaubensfreiheit in einem Staat, der verschiedene Glaubens-

---

38 Vgl. Mensching, Gustav: *Toleranz und Wahrheit in der Religion*, ²1966, S. 18.
39 Ebenda, S. 18.

formen nebeneinander bestehen lässt. Sie kommt in Organisationsformen vor, wie Staaten oder Kirchen, in denen formale Toleranz geübt wird, solange diese Organisationsformen durch eine andere Religion nicht gefährdet werden. Ist dies aber zu befürchten, dann schlägt formale Toleranz in formale Intoleranz um.

Formale Toleranz ist in vielen Verfassungen als staatlich garantierte Glaubensfreiheit verankert: In Art. 55c der Charta der Vereinten Nationen von 1945 oder in Art. 18 der Menschenrechtserklärung der UNO von 1948; so auch in Artikel 4 des deutschen Grundgesetzes von 1949.

Formale Intoleranz hebt *hingegen* die Religionsfreiheit auf, weil diese durch eine abweichende Haltung die Einheit des Staates gefährden könnte. Sie ersetzt Gewissensfreiheit durch mehr oder minder deutlichen Staatszwang. Metin Kaplan, bekannt als ›Kalif von Köln‹, genoss trotz seiner theoretisch radikalen Predigten in Deutschland so lange Religionsfreiheit, bis er mit dem Ausruf eines ›Gottesstaates in Deutschland‹ verfassungswidrig handelte und dadurch die Einheit des Staates gefährdete. Kaplans Abschiebung ist die Folge des Umschlagens von formaler Toleranz in formale Intoleranz.

Inhaltliche Toleranz beschränkt sich nicht auf das bloße Unangetastetlassen anderer Religionen, sondern bedeutet ihre Anerkennung als echte und berechtigte »religiöse Möglichkeit der Begegnung mit dem Heiligen.«[40] Mensching unterscheidet zwischen »Toleranz echter Religiosität« und »Toleranz der Aufklärung.«[41] Während Toleranz der Aufklärung, wie sie von Lessing vertreten wird, auf eine Vernunftreligion hinausläuft, setzt Mensching auf echte Religiosität, die ihre Kulmination in der inhaltlichen Toleranz erfährt. Der Mittelweg einer interkulturellen Orientierung der Toleranz wäre die Versöhnung der transzendenzverschlossenen und transzendenzsuchenden Konzepte oder Individuen. Hier sind Extrempositionen zu vermeiden, wobei es ein Allversöhnungskonzept nicht gibt.

---

40 Ebenda, S. 18.
41 Mensching, Gustav: *Duldsamkeit*, 1929, S. 88.

Inhaltliche Intoleranz verträgt sich mit einer solchen dialogischen Mentalität nicht. Sie bekämpft andere Überzeugungen um der eigenen vermeintlichen Wahrheit willen oder im Namen einer bestimmten Ideologie. In diesem Kontext erscheinen die Inhalte der anderen Religion als unwahr und abwegig und werden abgelehnt, bekämpft oder verfolgt. Intoleranz formaler oder inhaltlicher Art erscheint in der Religionsgeschichte, z. B. als Inquisition, Zwangsbekehrung oder Verfolgung.

Helmut ist z. B. ein Christ, der zwar das Christentum für die *einzig* wahre Religion hält, der aber zugleich bemüht ist, dem Islam gegenüber aktiv offen zu sein, indem er ihn als eine andere mögliche Form des Glaubens akzeptiert und anerkennt. Dieser Maxime nach ist Helmut dem Islam gegenüber inhaltlich tolerant. Eine Ablehnung wäre demnach ein Beispiel für inhaltliche Intoleranz.

Nun komme ich auf mein Lessingbeispiel zurück. Wer verfügt nun über den echten und damit wahren Ring? Lessing hebt eine ungelöste Frage des menschlichen Lebens ins Bewusstsein: Die gottgewollte Pluralität und sehnsuchtsvolle Wahrheitssuche. Gott als Maßstab von absolutem Gutsein und schrankenloser Gnade offenbart sich in vielen Weisen.

In der islamischen Mystik wird Wahrheit als ein zerborstener Spiegel betrachtet. Jeder, der ein Teilchen des Spiegels in der Hand hält, geht davon aus, dass er über die endgültige Wahrheit in ihrer Vollständigkeit verfügt. Ist Lessing nicht bestrebt, uns gerade über diesen zerborstenen Spiegel darauf zu verweisen, dass die göttliche Wahrheit niemandes Alleinbesitz ist? Jeder hat auf seine Weise nur eine kleine Scherbe davon.

Lessing zeigt, dass die Suche nach dem Ganzen uns verbinden kann und letztlich sinnstiftend ist. Er lädt ein, in einen liebevollen Wettstreit miteinander zu treten. Für die drei Brüder hat er eine Lösung. Er lässt uns durch die Worte des Richters meisterhaft daran erinnern, dass der echte Ring verloren gegangen sein könnte. Daher ist für Lessing notwendig, dass Menschen sich denkend und verstehend zu tolerieren lernen, um die Spiegelscherben zusammenzusetzen. Liegt gerade Sinn und Zweck unserer Existenz nicht darin, bei unserer Sinnsuche die Scherben wieder zu einem Ganzen zusammenzufügen?

Lessings Parabel ist kein Plädoyer für Beliebigkeit, sondern mahnt die Erkenntnis der eigenen Unvollkommenheit an. Seine Parabel ist das Plädoyer für eine neue Selbstarchäologie des Eigenen und des Anderen auf der Grundlage einer neuen Phänomenologie der Begegnung. Der Wahlspruch einer interkulturellen Toleranz lautet in diesem Zusammenhang: Ersetze die Belehrungskultur durch eine gemeinsame Lernkultur! An diesem hermeneutischen Ort ergänzen sich das Eigene und das Andere, ohne sich preisgeben zu müssen.

Interkulturelle Toleranz bedeutet nicht die Preisgabe eigener Auffassungen, Aufhebung von Differenzen oder Assimilierung in Gemeinsamkeiten, sondern vielmehr die Anerkennung von Anderssein. In dieser generellen Offenheit mit prinzipiellen Grenzen liegt das praktische Ziel interkultureller Toleranz.

Ich schlage die Praxis einer ablehnenden bzw. kritischen Anerkennung vor. Sie bedeutet, allgemein dem Andersdenkenden die Möglichkeit einzuräumen, sich seine Lebensweise, Überzeugung oder Einstellung selbst zu gestalten und sich an gesellschaftlichen Prozessen zu beteiligen.

Diese Form der Anerkennung heißt, den Anderen als Person und als Teil der Gesellschaft unter Bewahrung seiner Würde anzuerkennen, ohne damit die Pflicht zu verbinden, seine Einstellungen und Überzeugungen mit einzuschließen. Dies entspricht der augustinischen Formulierung: »Die Sünde hasse, den Sünder liebe!« Ablehnende Anerkennung ist in diesem Sinne kein Alibi des Relativismus, sondern sie ist darauf ausgerichtet, die Diskursteilnehmer bei der Wahrheitssuche zu unterstützen.

Bei einer ablehnenden Anerkennung kann mir Helmut sagen: Ich toleriere den Heilsweg und den Anspruch des Judentums und des Islams, obwohl ich diese Religionen für mich ablehne. Und ich muss den Anhängern dieser Religionen die Möglichkeit einräumen, dass sie für sich ihren Heilsweg als absolut behaupten und meine Anschauung als Christ ablehnen. Ablehnende Anerkennung ist in diesem Sinne das Erreichen eines Verhältnisses zum interkulturell Andersdenkenden und Anderserzogenen. Dies bedeutet, dass wir uns gleich behandeln, obschon wir nicht gleich sind.

Diese ablehnende Form der Anerkennung erreicht ihre Grenze dort, wo die Würde des Menschen mittelbar oder unmittelbar verletzt wird. Im Fall von Metin Kaplan, der sich ohne Berücksichtigung des Rechtes der Anderen kategorisch zum ›Kalifen von Köln‹ ernannte, zeigt sich, dass eine bedingungslose Anerkennung die zivilgesellschaftlichen Ordnungen sprengt.

Ablehnende Anerkennung bedeutet anzuerkennen, dass Menschen verschieden sind. Die reziproke »Anerkennung der wechselseitigen Unverfügbarkeit ist das normative Prinzip, das für den rationalen Interkulturalitätsdiskurs bestimmend ist«[42], und darf nicht als Leugnung von Verschiedenheiten betrachtet werden. Dabei gilt die Bewahrung der eigenen Identität und Wertschätzung anderer Identitäten als eine wichtige Voraussetzung für eine argumentative Kommunikation im Geiste der interkulturellen Toleranz. Toleranz bedeutet einander mit besten Absichten tragen, sich aus jeweils eigener Perspektive fördernd zu Wort kommen zu lassen.

Echte Kommunikation heißt, das Eigene im Anderen und das Andere im Eigenen zu suchen, ohne restlos ineinander aufzugehen. Verständigung in diesem Sinne bedeutet den Versuch zu wagen, zusammen über Gemeinsamkeiten und Unterschiede zu reflektieren. Nur durch wechselseitige Förderung können wir echte Integration und Verständigung entfalten. Ich nenne diese Haltung ›Minimalmoral‹ der Toleranz.

Der Toleranzgedanke ist im Sinne von ›Leben und Leben lassen‹ unter gemeinsamer Bewahrung der Menschenwürde ein geeignetes Strukturmodell interkultureller Kommunikation. Weder der Differenz- noch der Konvergenzgedanke dürfen hier alleine den Ton angeben, sondern stets eine Mischung aus beiden. Ein *ausschließlicher* Differenzgedanke ist genauso problematisch

---

42 Eirmbter-Stolbrink, Eva und Claudia König-Fuchs: *Ideen zur interkulturellen Pädagogik – abgeleitet aus der Erziehungswissenschaft,* 2008, S. 19.

wie eine *ausschließliche* Suche von Schnittmengen, ohne die Berücksichtigung von Differenzen.

Wer sich dem Anderen fragend und verstehend annähern will, wird bereit sein, zuzuhören, sich korrigieren und vor allem in Frage stellen zu lassen. Dies ist möglich, wenn wir verinnerlichen:

– Ohne echte Bereitschaft keine echte Verständigung;
– Ohne echte Verständigung kein echtes Verstehen Anderer;
– Ohne echtes Verstehen der Anderen keine echte Toleranz;
– Ohne echte Toleranz kein echter Friede.

2.2.7 Warum brauchen wir Normen?

Warum ist die Frage nach ethisch-moralischem Verhalten in allen Kulturen der Völker von existentieller Bedeutung? Woran messe ich den moralischen Wert einer Handlung? Gibt es eine ›absolute‹ Ethik?[43] Was macht den ethischen Kerngedanken der Weltreligion aus?

Ethische Normen beruhen auf Eigenschaften, die allen Menschen gleich inhärent sind, sie werden aber unterschiedlich begründet, weil die Menschen von ihren Anlagen her unterschiedlich sind und weil sie verschiedene Biographien haben.

Meinem Ansatz liegt eine transzendenzoffene Theorie der Ethik zugrunde, weil Werte und Traditionen der Völker in der Regel religiös fundiert sind. Im Zentrum der buddhistischen Ethik steht z. B. das Mitgefühl und Bescheidenheit, während im Judentum die ›Halacha‹, also Gebote und Verbote für eine fromme Lebensführung, grundlegend sind. Das Herzstück der christlichen Ethik ist das Prinzip ›Nächstenliebe‹. Im Islam bilden der ›Djihad‹, also Anstrengung zum Erreichen des Guten, die

---

43 Es gibt eine Reihe Ethikkonzepte wie ›Elementarethik, Tugendethik, Egoistische Ethik, Pluralistische Ethik, Mitleidsethik und Diskursethik, Utilitaristische Ethik, Kommunitaristische Ethik und Rationale Ethik‹ die an anderer Stelle behandelt wurden. Vgl. hierzu Düsing, Klaus: *Fundamente der Ethik*, 2005.

›Scharia‹, als Weg der Reinwerdung und die ›Hadith‹, die Überlieferungen, die Grundlage der Ethik.

Die ureigene Absicht dieser Religionen und ihrer jeweiligen Ethik ist, Hoffnung, Zuversicht und Geborgenheit zu geben und letztlich den menschlichen Geist zu veredeln und eine friedliche Koexistenz zwischen Menschen zu erreichen. Es geht um eine verantwortungsvolle und sittlich angemessene Lebensführung. Wir können nicht vernachlässigen, dass Menschen in unterschiedlichen Werte- und Normengemeinschaften aufwachsen. Ethik ist in der Tat immer strittig, weil es unterschiedliche Auffassungen von ›Gut‹ und ›Böse‹ sowie Gebotenem und Verbotenem gibt. Nicht nur interreligiöse, sondern auch interkulturelle Verschiedenheiten fordern dazu heraus, nach einem Maßstab der ethischen Beurteilung zu suchen.

Die Vielfalt der Fragestellungen zeigt, dass eine allgemeinverbindliche Theorie der Ethik nicht problemlos praktiziert werden kann. Wir benötigen eine neue Theorie der Ethik, die ich als eine kontextuelle bzw. interkulturelle bezeichne. Der Maßstab dieses Ethikansatzes ist die Universalität der Menschenwürde.

Kontextuell zu verfahren bedeutet, wie weiter oben erläutert, unterschiedliche Traditionen mit ihren jeweils eigenen Terminologien, Fragestellungen und Lösungsansätzen von ihren verschiedenen Positionen her zur Sprache kommen zu lassen. Mein Ansatz ist von einer dialogischen Art zu denken, zu reden und zu handeln geprägt. Eine kontextuelle Betrachtung des eigenen und vertrauten Ethikansatzes im Gegensatz zum Unvertrauten hilft uns, verschüttete Gemeinsamkeiten zu entdecken und solide Verständigungsperspektiven zu entwickeln.

Nach dieser Elementarethik hat der Mensch die selbstaufzuerlegende Pflicht, sich und Anderen gegenüber die Maxime gut zu denken, gut zu reden und gut zu handeln zur Grundlage seines Lebens zu machen. Eine solche Elementarethik lebt mehr oder weniger in allen Religionen und sogar in säkularen Ethiken, wie dem Humanismus und Sozialismus. Schon im Kindesalter lernen wir zu unterscheiden zwischen dem Gebotenen, ›du sollst ...‹, dem Erlaubten, ›du darfst ...‹ und dem Verbotenen, ›du darfst nicht …‹. Solche Regeln behalten und pflegen wir Zeit unseres Lebens. Die folgenden Beispiele mögen verdeutlichen, worum es bei der ethisch-moralischen Verantwortbarkeit eines Sachverhaltes geht.

Im Zentrum der Ethik steht im Geiste dieses Bewusstseins die Frage: Wozu ist eine Handlung gut? Das Gutsein erstreckt sich, wie das Schaubild zeigt, auf mehrere Ebenen:

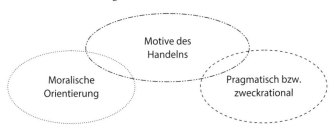

Wir halten zumeist etwas für gut, weil es aus *pragmatischen* bzw. *zweckrationalen* Gründen gut ist. Sich dem Freund gegenüber freundlich zu verhalten, mag aus pragmatischen Gründen gut sein, wenn man bestrebt ist, von ihm eine Hilfe zu erhalten. Wir halten etwas ebenfalls für gut, weil es einen *moralischen* Wert hat und für jeden gut ist. Ist der Freund seinem Kumpel gegenüber freundlich, ohne eigennützige Hintergedanken zu hegen, so hat seine Handlung einen moralischen Wert. Ein solcher Freund tut dies nicht nur aus Pflichtgründen, sondern auch aus Vernunftgründen heraus.

In der Ethik geht es, wie diese Beispiele zeigen, letzten Endes um die Begründung des Gutseins einer Handlung. Woran messe ich den moralischen Wert einer Handlung?

Die folgenden Beispiele mögen verdeutlichen, worum es bei der ethisch-moralischen Verantwortbarkeit eines Sachverhaltes geht:

Erstes Beispiel: Es geht um die Gesinnung des griechischen Philosophen Sokrates im Angesicht seines Todesurteils. Die Sophisten werfen Sokrates vor, die Jugend von Athen zu verderben. Sokrates spricht stets die Jugendlichen auf offener Straße an und animiert sie, selbst zu denken: Erkenne dich selbst! In einem Gerichtsverfahren wird Sokrates nach langer Verhandlung zum Tode verurteilt. Obgleich er sich sicher ist, dass seine Verurteilung nicht gerechtfertigt ist, akzeptiert er dieses Urteil. Er wird abgeführt und wartet im Gefängnis auf den Moment, in dem er den Schierlingsbecher austrinken muss. Sein Freund Kriton besticht die Wache und bittet Sokrates, seinen Fluchtvorschlag anzunehmen, weil auch er mit bestem Wissen und Gewissen weiß, dass dieses Urteil ungerecht ist. Sokrates schlägt Kritons Hilfe zur Flucht dankend aus, weil er nicht dazu bereit ist, seine persönlichen Interessen über die Achtung des Gesetzes zu stellen, auch wenn er weiß, dass dies falsch sei.

Zweites Beispiel: Hier handelt es sich um die Verantwortung von Max Brod gegenüber seinem Freund, dem Schriftsteller Franz Kafka, und dessen Werk. Diese Handlung hat im Gegensatz zum ersten Beispiel einen anderen Charakter, obgleich auch hier moralisch gutes Handeln im Vordergrund steht. Kafka und Brod treffen eine Vereinbarung über den literarischen Nachlass Kafkas. Brod ist von der die Zeit überdauernden Qualität der Texte Kafkas so überzeugt, dass er ihn dazu bewegen will, seine Arbeiten zu veröffentlichen, was Kafka überhaupt nicht möchte. Jener verfügt testamentarisch, dass seine Werke unter keinen Umständen posthum erscheinen dürfen. Brod, der ihm versprochen hat, dies zu unterlassen, entscheidet sich dennoch, nach Kafkas Tod für die Veröffentlichung der Schriftstücke. In eigener Verantwortung für Kafkas Werk stellte er seine Entscheidung über den letzten persönlichen Willen des Freundes und verantwortet sogar eine erste Kafka-Gesamtausgabe.

Die beiden Beispiele verdeutlichen, dass Sokrates und Brod zwei völlig verschiedene Lebens- und Moralphilosophien vertreten.

Während Sokrates nach den Prinzipien der Gesinnungsethik handelt, geht Brod von einer Verantwortungsethik aus. Immanuel Kant und Max Weber unterscheiden sich in gleicher Weise. Ihr Verständnis von Ethik haben sie detailliert niedergelegt.

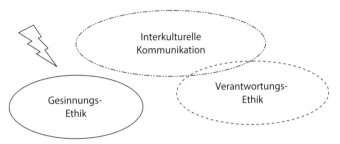

Die Gesinnungsethik Kants sucht die Begründung von Handlungen, gemäß des Kategorischen Imperativs. Der Mensch müsse so handeln, dass seine Handlung allgemeine Gesetzgebung werden könne. Es kommt hier auf das Motiv der Handlung an, das *ausschließlich* aus Vernunftgründen gut sein muss. Dies wird zum Prinzip des eigenen Handelns erhoben, das, wie Kant insistiert, jederzeit generalisierbar sein muss.

Verantwortungsethik geht *hingegen* von der individuellen Selbstverantwortung des Handelns aus. Das Individuum legt selbst Ziele und Maßstäbe seines Handelns fest.

Gemeinsam ist beiden Ethikkonzepten die Rückschau in die Vergangenheit, die Jetztschau der Situation und die Vorschau des Zukünftigen. Die Konzepte der Gesinnungs- und Verantwortungsethik stellen dennoch die Frage nach dem moralisch guten Handeln vor große Herausforderungen. Es ist erstaunlich, wie Sokrates, der offensichtlich wusste, dass er zu Unrecht verurteilt worden ist, dennoch Gesetzestreue an den Tag legte und bereit war, die Untreue des Staates oder seiner Widersacher mit seiner Gesetzestreue selbstlos zu entschuldigen. Kant würde sagen, Sokrates sei diejenige Person, die mit Leib und Seele wollen könne, dass die Maxime seiner Handlung zu allgemeinem Gesetz werde. Kant verteufelt nicht nur menschliche Neigungen und Interessen, sondern erblickt auch in Handlungen, die aus ihnen resultieren, die Quelle der bösen Maximen bzw. des radikal Bösen. Er will sie im Gehäuse der Hörigkeit einer Vernunft, die er verabsolutiert, gefangen halten.

Brod geht zwar einige Schritte mit einer Gesinnungsethik konform und verspricht seinem Freund Kafka, dessen Werke, die er, Brod, für Weltliteratur hält, zu verbrennen. Er distanziert sich jedoch von der Gesinnungsethik an dem Punkt, wo er sein Gewissen fragt, ob er verantworten könne, dass seine Handlung zu allgemeinem Gesetz werde. Seine Antwort ist im Gegensatz zu Sokrates ein klares ›Nein‹. Er will, dass die Nachwelt an der Genialität Kafkas teilhat. Dies bestärkt ihn, sich über die testamentarische Verfügung des Freundes letztlich zu erheben.

Nun stellt sich die Frage, wie eine verbindliche Regel erzielt werden kann und wie eine gewaltfreie Lösung ethischer Begründungsformen, trotz Unterschieden, auszuhandeln ist?

Die Ethik begründet zwar ihre Normen, aber Entscheidung und Verantwortung liegen letzten Endes beim Einzelnen. Ich unterscheide drei völlig disparate Standpunkte voneinander:

1. Alle sollten *ausschließlich* nach eigenen Moralprinzipien tun und lassen, was sie wollen (Anarchismus).
2. Alle sollten *ausschließlich* den herrschenden Moralprinzipien in ihren Gesellschaften folgen (Konformismus).
3. Alle formulieren kulturübergreifend gemeinsam Moralprinzipien, *ohne* Ausgrenzung bestimmter Akteure (Interkulturalität).

Die ersten zwei Varianten sind problematisch, weil sie beliebig relativistisch und dogmatisch ausgerichtet werden können. Beide Ansätze schließen Gewalt und Intoleranz nicht aus, während Erstere radikal egoismusgesteuert ist.

Die dritte Variante, die ich als interkulturell bezeichne, entspricht der demokratischen Vielfalt. Die Basis der ausgehandelten Moralprinzipien auf jedwedem Gebiet ist auch hier die Menschenwürde. Diejenigen, die sich diesen Prinzipien vertraglich unterwerfen, müssen sie mitformuliert haben. Die interkulturelle bzw. kontextuelle Begründung einer solchen Ethik beruht auf einer Haltung, für die Allgemeinverbindlichkeit verlangt werden darf. Das Zusammentreffen diverser Kulturen und Religionen sowie Buchstabierungen der Welt machen einen solchen Ansatz geradezu erforderlich.

Nun möchte ich das bereits angeschnittene Thema ›Gut und Böse‹ erneut aufgreifen und mit einem Beispiel vertiefen. Es geht nicht um die Frage nach Gesinnungs- und Verantwortungsethik, sondern um die grundsätzliche Überlegung, warum sich der Mensch oft zwischen ethischem und nicht-ethischem Verhalten bewegt. Folgende Geschichte mag diesen Sachverhalt verdeutlichen:

> Weiße Feder ist ein nachdenklicher Junge. Er hat eine Entdeckung gemacht, die ihn sehr beschäftigt. Mit Sorge in der Brust geht er zu Stillem Wasser und stellt folgende Frage: »Wie kommt es, dass Menschen meistens freundlich und lieb sind, aber oft auch böse und gemein sein können? Wie kommt es, dass ein und derselbe Mensch nicht nur lieben kann, sondern auch dazu fähig ist, Liebe zu heucheln? Wie kommt es, dass Menschen sich betrügen?«
>
> Stilles Wasser überlegt lange, wie er das am besten erklären kann. Schließlich erwidert er: »Folgendes musst du unbedingt wissen, das darfst du nie vergessen: ›In jedem von uns Menschen leben Ungeheuer und Engel! Engel haben weiße Flügel und wünschen dir das Beste, während Ungeheuer ein dunkles Fell haben. Engel mögen keine Kriege, sie suchen Frieden und Harmonie. Mit den Ungeheuern ist es aber anders. Wenn sie nicht schlafen, dann bekämpfen sie sich gegenseitig und messen ihre Kräfte. Oft verbeißen sie sich ineinander und einer will den anderen zwingen, sich zu ergeben. So geht das immerzu!«
>
> Weiße Feder fragt wie ein Erleuchteter: »Aber kommt es denn vor, dass einer von beiden Sieger bleibt und am Ende alles bestimmt?«
>
> Stilles Wasser erwidert: »Ja! – es kommt darauf an, welches Ungeheuer du fütterst oder mit welchem Engel du dich anfreundest!« – »Und was passiert mit den Engeln, bekämp-

fen sie die Ungeheuer?«, fragt Weiße Feder. »Sie tun nichts«, erwidert Stilles Wasser, »sie ziehen sich zurück und hoffen das Beste!«

Die Fragen, die dieses Beispiel aufwirft, können unter verschiedenen Aspekten, soziologisch, psychologisch, oder auch anthropologisch, diskutiert werden. Im Menschen vollzieht sich ein permanenter Kampf, Entscheidungen zu treffen, die das Verhältnis zu seiner Umwelt mitbestimmen.

Stilles Wasser verweist auf die egoistischen Mechanismen im Menschen, die ihn zu destruktiven Entscheidungen verleiten, ohne zu leugnen, dass es auch positive Egoismen gibt, die das Überleben der Menschen sichern. Negative bzw. krankhafte oder weltanschauliche Egoismen, die er als ›Ungeheuer‹ bezeichnet, sind Gründe, Konflikte zu verursachen und jede Kommunikationsmöglichkeit im Keime zu ersticken.

Im menschlichen Leben besteht ein praktischer Sinn von Normen darin, durch positiv ausformulierte Egoismen die negativen nicht überhandnehmen zu lassen. Der Wille des Menschen zur Macht überwiegt indes häufig und bewegt Menschen dazu, ihre Ungeheuer zu füttern und die Engel verkommen zu lassen.

Diese anthropologische Konstante ist in allen Kulturen der Völker anzutreffen. In interkulturellen Studien, in denen es um Grundfragen der Ethik geht, sollen gerade diese Konstanten beachtet werden.

Was sind Dimensionen von Moral und Ethik?

Die Begriffe ›Ethik‹ und ›Moral‹ werden, interkulturell betrachtet, unterschiedlich verwendet. In der islamischen Ethik sind sie gleichbedeutend gebraucht und werden als eine Wissenschaft verstanden, die begründet, was Handlung ist und wozu Handlungen gut sind. Was bedeuten diese Begriffe in interkultureller Absicht?

Moral ist ein System von Verhaltensweisen, die sich in diversen *intra*- oder *inter*kulturellen Kontexten unterschiedlich vollziehen

und die das Handeln des Menschen als gut oder schlecht, angemessen oder unangemessen bestimmen sollen. Ethik ist die Begründung moralischer Normen. Sie analysiert die Herkunft von Werten und ihren geschichtlichen Geltungsanspruch.

Theoretiker wie Frans de Waal halten Moral für ein »gruppenorientiertes Phänomen, das aus der Tatsache entspringt, dass wir zum Überleben ein Unterstützungssystem brauchen. Ein einzelner Mensch hätte keinen Bedarf an Moral, auch nicht ein Mensch, der ohne wechselseitige Abhängigkeit mit anderen zusammenlebt.«[44] Diese Überlegung weist auf eine moralphilosophische Tatsache hin, die schwer zu entkräften ist.

Zöge sich jeder Mensch wie ein Eremit in seine Klause zurück, so benötigten wir in der Tat keine Ethik, kein Ordnungssystem und keine Institutionen mehr. Einerseits bescheren sie uns Vorteile, wie Sigmund Freud feststellt, andererseits beschränken sie uns auch.[45] Jedes Individuum könnte sich in seiner Klause völlig selbst bestimmen, ohne soziale Schranken oder moralische Verhaltensweisen entwickeln zu müssen.

Verließen die Individuen ihre Klause und träten miteinander in Kontakt, so würden sie legitimerweise ihre Identität vertreten wollen. Hier treffen wiederum das Eigene und das Andere aufeinander. Die Konfrontation der Interessen erhebt die Moral, wie

---

44 Waal, Frans de: *Der Turm der Moral,* 2008, S. 179 f.
45 Vgl. Freud, Sigmund: *Das Unbehagen in der Kultur,* 1930.

De Waal annimmt, zu einer orientierungsgebenden Instanz, um dem willkürlichen und in Folge destruktiven Verhalten Grenzen zu setzen. Den Trägern unterschiedlicher Interessen ermöglicht sie, miteinander auszukommen.

Interkulturelle Ethik macht uns in diesem Sinne einsichtig, wozu eine Handlung gut ist und zu welchen Konsequenzen sie führen kann. Sie verfährt pluralistisch und begründet eine Theorie, in welcher Neigungen, Wünsche und Bedürfnisse des Einzelnen, jenseits seiner kulturellen Zugehörigkeit, Berücksichtigung finden. Dieser Ansatz erklärt wann, wo und unter welchen Voraussetzungen eine menschliche Handlung als gut oder schlecht, angemessen oder unangemessen beurteilt wird. Beschreibend untersucht sie Gründe, die Individuen zu bestimmten Handlungen motivieren. Ferner umfasst sie die Begründung kulturell bedingter Besonderheiten in Sitten, Gebräuchen, Gepflogenheiten, Traditionen und Kulturen oder Rechtssystemen. Hier denke ich an Kontroversen wie die ›Beschneidung von Knaben‹, die grundsätzlich unterschiedlich gesehen und beurteilt wird. Auch unterschiedliche Riten der Begrüßung lassen sich durch die Bedeutungsdimension interkultureller Ethik im Diskurs erklären.

> Es könnte durchaus sein, dass man einen Deutschen im Iran mit dem Schlachten eines Lammes durch traditionelles Schächten als Ausdruck des ›herzlichen Willkommens‹ empfängt. Iraner werden in Deutschland gewöhnlich mit einem Glas Sekt willkommen geheißen. Beides ist in den jeweiligen Heimatkulturen selbstverständlich. Diese Unterschiede der Sitten könnten aber Anlass zu Irritationen werden. Schächten als betäubungsloses Schlachten wird in manchen europäisch-westlichen Kreisen als Tierquälerei empfunden, während der Genuss von Alkohol, wegen seiner enthemmenden Wirkung, gegen ein islamisches religiöses Gebot verstößt.

Die Herausforderung besteht darin, die ethischen Grundlagen und Eigenheiten des Gastvolkes durch die Aneignung interkultureller und interreligiöser Kompetenz nachzuvollziehen. Eine solche Kompetenz ist, wie weiter oben dargelegt, ein Prozess der verstehenden Aneignung von Informationen und Verhaltensweisen. Sie verhilft uns dazu, eine Aufgabe zu meistern und einer Herausforderung zu begegnen. Die Aneignung von Kompetenzen ist erforderlich, wenn unterschiedliche Denkformen, Handlungsmuster oder Lebensentwürfe miteinander in Berührung kommen. Damit sind auch Werte- und Normenorientierung sowie begriffliche und theoretische Bezugssysteme gemeint, deren Unterschiede nicht immer offensichtlich sind.

Die Deutschen werden nach diesem Modell lernen zu verstehen, dass das Schächten auch ein Ritual in Erinnerung an die Opfergeschichte Abrahams und Isaaks ist und von daher gut geheißen wird. Der zeremonielle Empfang mit einem edlen Getränk wie Sekt gilt *hingegen* in Deutschland als Ausdruck besonderer Herzlichkeit, dem religiöse Gebote nicht entgegenstehen. Beide Zeremonien sind folglich aus ihren kontextuellen Verankerungen heraus nachvollziehbar.

Interkulturelle Ethik fasst Kulturen weder essentialistisch auf noch erhebt sie einen Universalitätsanspruch. Kulturen werden als offene und dynamisch veränderbare Sinn- und Orientierungssysteme verstanden. In der interkulturellen Ethik geht es um den Versuch, die Stimme des Anderen in dessen Bezugssystem verbleibend als einen Diskursbeitrag, theoretisch wie praktisch, zu Wort kommen zu lassen.

In der interkulturellen Ethik sind, wie erwähnt, Momente der multi- und transkulturellen Ethiken stets wirksam. Interkulturelle Ethik betrachtet alle Menschen, unabhängig von ihrer Herkunft, Hautfarbe, kulturellen und religiösen Zugehörigkeit, als gleichberechtigte Exemplare der Gattung Mensch. Dies impliziert die Unverfügbarkeit des Individuums, nach der kein Mensch einen Anderen beliebig instrumentalisieren darf. Insofern bildet die Gerechtigkeit die Grundlage dieser Form der Ethik.

Interkulturelle Ethik bezieht sich auch auf das moralische ›Wie‹, ›Was‹ und ›Warum‹ der kontextuellen Völkerbeziehungen und die Mannigfaltigkeit ihrer Begründung. Sie will weder eine

Weltanschauungslehre noch ein Religionsersatz sein. In diesem Sinn unterscheide ich zwischen der Partikularität und der Universalität der Ethik: Partikularität der Ethik bedeutet, dass jedes Volk gewisse traditionsgebundene Wertvorstellungen hat, die gepflegt werden. Universalität der Ethik bedeutet, dass es über die kulturgebundenen Wert- und Normsysteme hinaus gewisse ethisch-moralische Verankerungen anthropologischer Natur gibt, die allgemein verbindlich sind.

Interkulturelle Ethik setzt nicht nur kulturelle und interkulturelle Bildung voraus, sondern auch das Studium von Religionen, Kulturen, Traditionen und Zivilisationen. Grundlage bleibt immer die Menschenwürde.

Methoden der interkulturellen bzw. kontextuellen Ethik

Methoden stellen ein wichtiges Regelwerk der Wissenschaft dar. In manchen Methoden der Ethik wird die Vernunft besonders betont oder aber die Rolle der Hermeneutik hervorgehoben, in anderen sind eher empirische oder normative Dimensionen bestimmend. Eine interkulturelle Betrachtung der Ethik bringt einen Methodenpluralismus wie folgt mit sich, der den Horizont traditioneller Ethik erweitert:

Normativ vorgehen bedeutet, den Untersuchungsgegenstand vor dem Hintergrund der Wertvorstellungen zu untersuchen, auf denen er beruht. Die Zulassung von Verfahren der Normativität hängt damit zusammen, dass Interkulturelle Philosophie die Arena des Denkens nicht einem reinen szientistischen Ansatz überlassen will, da auch diesem selbst metaphysikverdächtige Momente inhärent sind.

Deskriptiv vorgehen bedeutet, Normen- und Wertesysteme sowie Verhalten, Moral verschiedener menschlicher Gruppen und Kulturen zu beschreiben. Dabei berücksichtigt sie klimatische, geographische, kulturelle, religiöse und andere Faktoren.

Metaethisch vorgehen bedeutet die Untersuchung von Sprache und Logik moralischer Diskurse, Methoden moralischer Argumentationen sowie die Tragfähigkeit und Umsetzbarkeit ethischer Theorien in unterschiedlichen Kontexten. Sie analysiert nicht Inhalte von Urteilen oder Aussagen, sondern *ausschließlich* deren formale Aspekte. Der Satz ›Foltern ist in allen Kulturen verwerflich‹ wird auf der Metaebene nicht bewertet, sondern es wird rein auf formaler Ebene festgestellt, dass dieser Satz, wegen des Wortes ›verwerflich‹, eine normative Bewertung enthält. Dabei geht es stets um das Verstehen der Normativität in den Aussagen und Urteilsformen.

Analytisch vorgehen bedeutet, das Untersuchungsobjekt gedanklich in seine Bestandteile zu zerlegen, um es zu verstehen.

Komparatistisch vorgehen bedeutet, unterschiedliche Modelle miteinander in Beziehung zu setzen, Übereinstimmungen und Unterschiede zu konstatieren, ohne diese gegenseitig aufeinander zu reduzieren oder gegeneinander auszuspielen.

Semantisch vorgehen bedeutet, Begriffsbedeutungen einzelner sprachlicher Äußerungen zu klären und miteinander in einen reziproken Zusammenhang zu setzen.

Enzyklisch vorgehen bedeutet, das Untersuchungsobjekt umfassend in den Blick zu nehmen und verstehend zu begreifen.

Empirisch vorgehen bedeutet, von Erfahrungen auszugehen, dabei Wertungen zu vermeiden und bemüht zu sein, gewonnene Erfahrungen systematisch zu erfassen und auszuwerten.

Rationalistisch vorgehen bedeutet, die Fähigkeiten der Vernunft zu benutzen und zu beachten, welche Argumentationen verschiedene Denkformen hervorbringen.

Dialektisch vorgehen bedeutet, die internen Gegensätze in einem Untersuchungsobjekt aufzuspüren und die darin enthaltene Dynamik, im Rahmen eines umfassenden Ganzen, herauszustellen.

Interkulturelle bzw. kontextuelle Ethik ist unter Berücksichtigung dieser Methodenvielfalt wie folgt ausgerichtet:

Systematisches Arbeiten bedeutet, die thematischen wie methodischen Leitparadigmen, Probleme, Terminologien sowie Grundüberlegungen und -annahmen ersichtlich werden zu lassen, die sich bei der Thematisierung philosophischer Reflexionen erge-

ben. *Historisches Arbeiten* bedeutet, zur Darstellung zu bringen, was dem Thema nach, zu unterschiedlichen Zeiten, von diversen Autoren, unter verschiedenen Bedingungen, jeweils entworfen worden ist. *Vergleichendes Arbeiten* bedeutet, Sachverhalte, Probleme, Begriffe oder Fragen unter Berücksichtigung der Kontexte miteinander in Beziehung zu setzen, ohne diese reduktionistisch oder stufentheoretisch zu traktieren.

Es ist abschließend festzuhalten, dass das Gelingen eines kulturübergreifenden Dialogs die Einsicht voraussetzt, sich dem Wohlergehen des Anderen gegenüber verpflichtet zu fühlen. Wir benötigen nicht nur eine neue Ethnologie der Kommunikation, sondern auch den Prozess einer dialogischen Selbstarchäologie des Eigenen und des Anderen.

3 Vom Scheitern der Kommunikation

Bisher war von vielerlei Gesichtspunkten die Rede, die mitspielen, wenn wir betrachten wollen, was Kultur ist bzw. nicht ist. Entschieden haben wir uns für einen Kulturbegriff als offenes und dynamisch veränderbares Sinn- und Orientierungssystem, das auch für den weiteren Verlauf unserer Überlegungen von Bedeutung sein wird.

Vorgestellt wurden verschiedene Kommunikationsmodelle und ihre Vor- und Nachteile für eine interkulturelle Verständigung. Um die interkulturelle Verständigung zu fördern, wurden sieben Korrelatbegriffe eingeführt, die eng miteinander verbunden sind: Das *Eigene* und das *Andere* sowie die jeweils interkulturelle *Kompetenz*, *Semantik*, *Hermeneutik* sowie *Komparatistik*, *Toleranz* und *Ethik*. Mit einer Reihe von Beispielen ist deutlich gemacht worden, wie, wo und warum eine Beeinträchtigung der Verständigung entstehen kann. Diese Schlüsselbegriffe dürfen ebenfalls gezeigt haben, dass zwischenmenschliche Kommunikationen selten auf der Sachebene scheitern, sondern vorwiegend auf der Beziehungsebene.

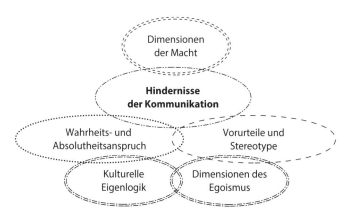

Das Thema, dem ich mich nun zuwenden möchte, behandelt, wie die vorstehende Abbildung zeigt, Hindernisse der Verständigung, die stets zusammenhängen. Dabei geht es um die Beantwortung folgender Reflexionsfelder: Ist der Absolutheitsanspruch notwendig? Wie wirken Vorurteile und Stereotype? Gibt es eine kulturelle Eigenlogik? Warum ist Macht von Bedeutung? und schließlich: Ist Egoismus dem Dialog abträglich?

3.1 Ist der Absolutheitsanspruch notwendig?

Inklusivität und Exklusivität sind zwei entgegengesetzte Ausdrücke, die mit dem Wahrheits- und Absolutheitsanspruch zusammenhängen. Es geht um die Beantwortung der Frage, wie inklusive oder exklusive Haltungen Konflikte verursachen oder begünstigen und inwiefern sie ein Hindernis für interkulturelle Kommunikation darstellen.

Über die Entstehung der Welt und die Stellung des Menschen im Kosmos gibt es viele Theorien. Die zwei bekanntesten sind die theologischen Schöpfungstheorien abrahamischer Religionen und die darwinistische Evolutionstheorie. Nach theologischen Schöpfungstheorien wird die menschliche Existenz auf einen göttlichen Ursprung zurückgeführt, wohingegen der Mensch nach darwinistischen Theorien im Prinzip vom Affen abstammt.

Hier stehen zwei kontradiktorische Theorien einander gegenüber, die nicht nur einen Wahrheits- und Absolutheitsanspruch, sondern auch einen universellen Geltungsanspruch erheben. Beide werfen sich gegenseitig Naivität und realitätsfernen Illusionismus vor. Der Dreh- und Angelpunkt ist der missionarische Eifer der Vertreter dieser Richtungen.

Bevor ich diesen Sachverhalt diskutiere, ist wesentlich zu betrachten, was Wahrheits- und Absolutheitsanspruch bedeuten. Ich beginne mit der Klärung von Inklusion und Exklusion.

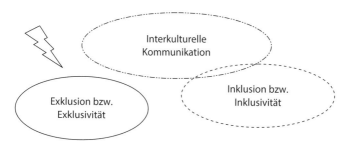

Inklusivität bedeutet Einschließung und beschreibt die reziproke Art und Weise, in der Menschen aufeinander einwirken und gemeinsame Wege gestalten.

Der *inklusive* Wahrheits- und Absolutheitsanspruch richtet sich in die Tiefe der eigenen Überzeugung, nicht aber in die Weite. Dies bedeutet, dass meine religiöse oder nicht religiöse Meinung für mich persönlich absolut ist, ohne dass ich den Gedanken hege, diese anderen Menschen aufzuzwingen.

Exklusivität bedeutet *hingegen* Ausschließlichkeit und ist stets mit einem Wahrheits- und Absolutheitsanspruch verbunden, der je nach Kontext auch strategisch eingesetzt werden kann.

Der *exklusive* Wahrheits- und Absolutheitsanspruch richtet sich dementsprechend *nicht nur* in die Tiefe der eigenen Überzeugung. Der Vertreter dieser Haltung hält seine Überzeugung zumeist für eine *objektive* Wahrheit, erhebt einen Universalitätsanspruch und ist bestrebt, diesen weltumfassend durchzusetzen.

Auf das obige Beispiel bezogen, gibt es zumindest zwei Möglichkeiten, mit diesem Sachverhalt umzugehen. Die Vertreter der evolutionistischen und theologischen Schöpfungstheorien werden sich gegenseitig gelten lassen, ohne sich missionarisch bekehren zu wollen. Sie können aber auch, das ist die zweite Möglichkeit, auf einem Alleingültigkeitsanspruch beharren und sich gegenseitig zurückweisen oder sogar praktisch bekämpfen.

Im ersten Fall haben wir es mit einem inklusivistischen Wahrheits- und Absolutheitsanspruch zu tun, der pluralistisch ist und verschiedene Meinungen zulässt, während Letzterer ein deutlicher Ausdruck exklusivistischen Wahrheits- und Absolutheitsanspruches wäre, der andere Ansätze nicht toleriert. Christliche Kreuzzüge und Inquisition sowie Eroberungszüge der Moslems sind Beispiele dieser Art.

Es ist eine Unterstellung, dass Religion per se die Menschen zur Gewalt auffordert. Religion, verstanden als sichtbar gewordene Ursehnsucht des Menschen ist immer auch mit anthropomorphen Unzulänglichkeiten behaftet, sobald sie durch Institutionalisierung in Menschenhand gerät.

Die ureigene Aufgabe einer jeden Religion ist aber immer die Veredelung der Seele und die verantwortungsethische Erziehung des Menschen. Dass die Unterscheidung von wahrem und falschem Glauben unterschiedlich ausgeprägte Gewaltformen hervorbringt, hat nichts mit der Religion an sich zu tun, sondern mit der Veranlagung des Menschen, wie er Glauben auffasst und wie er damit umgeht. Wenn wir erkennen, dass wir nicht in der Lage sind und sein werden, in unserem endlichen Dasein des Unendlichen innezuwerden, so werden wir bescheidener uns selbst und anderen gegenüber.

Glaube muss nicht zwingend Religion bedeuten; alle wissenschaftlichen oder weltanschaulichen Positionen, die eine bestimmte Einstellung oder Überzeugung verabsolutieren, sind profane Glaubensformen. Exklusivität ist somit Teil des Kompasses menschlicher Orientierung, der ihn oft irreführt, ohne dass er sich dessen bewusst ist, dass hier nicht die Religion, sondern ihm seine eigene Mentalität zum Verhängnis wird und ihm praktisch im Wege steht. Gewalt ist insofern ein Teil unseres Menschseins, die auch kulturelle, religiöse oder wissenschaftliche Färbungen bekommt, die uns auffordert oder gar zwingt, Andersdenkende als Feinde wahrzunehmen, Vorurteile zu hegen und Stereotype zu formulieren.

Der Wahrheits- und Absolutheitsanspruch und die damit verbundene Gewalt sind in allen Bereichen des menschlichen Lebens zu beobachten. Wir alle kennen aus eigener Erfahrung, wie sich viele von uns verhalten, wenn sie meinen, Recht haben zu müssen. Dass auch der Andere Recht haben kann, dem wird häufig kein Gewicht beigemessen. Daher gehören solche ausschließlichen Einstellungen beinahe zu den unausräumbaren Hindernissen einer jeden Kommunikation.

Überzeugungen verleihen dem Leben der Einzelnen Sinn und Bedeutung. Dies ist ein Grund, warum wechselseitige Achtung das Bindeglied von Überzeugung ist. Hinter der Triade ›Wohl zu denken, zu reden und zu handeln‹ steht der Gedanke, dass wir Wünsche, Bedürfnisse und Überzeugungen der Anderen berücksichtigen und fördern sollen. Wer sich vornimmt, jede Form von Wahrheits- und Absolutheitsanspruch konsequent zu vermeiden oder gar gänzlich abzulegen, hat zunächst sich selbst zu überwinden.

3.2 Wie wirken Vorurteile und Stereotype?

Das Phänomen ›Vorurteil‹ fällt nicht aus heiterem Himmel. Es gehört zu unserem Alltag. Vorurteile sind nicht genetisch verankert, sondern sie werden von Menschen immer erneuert und in unterschiedlicher Weise produziert oder reproduziert.[46] Antisemitismus und Islamophobie sind zwei klassische Formen des Vorurteils, die mit schwerwiegenden Folgen einhergehen. Mit Vorurteilen wird Politik gemacht, dies ohne Unterschied an Stammtischen wie Plenarsälen. Vorurteile sind bequeme Haltungen, welche für die zwischenmenschliche Kommunikation von grundlegender Bedeutung sind.

Vorurteile haben unterschiedliche Facetten, die positiv oder negativ sein können. Im Allgemeinen sind sie vorgefasste Meinungen, die in Politik, Wissenschaft, Gesellschaft und vor allem in den Medien zu beobachten sind. Im Rahmen einer jeden Kommunikation, jenseits aller Kontextualitäten, müssen wir uns vergegenwärtigen, was Stereotype und Vorurteile sind, warum wir sie brauchen und verwenden, wie sie zustande kommen, wie wir sie erkennen, Strategien entwickeln und wie wir schließlich damit umgehen.

---

46 Vgl. hierzu Ahlheim, Klaus (Hrsg.): *Die Gewalt des Vorurteils,* 2007.

> Der schottische Arzt und Missionar David Livingstone geht vor etwa 200 Jahren nach Afrika, um in verschiedenen Stammesgebieten missionarisch zu wirken. Dabei besucht er eine Reihe von Stämmen.
> Zunächst besucht er die Khoikhoi. Als er nach einer Weile zu den Betschuanen weiterwandern will, weisen ihn die Khoikhoi darauf hin, dass diese nicht so friedlich seien wie sie. Livingstone entgegnet: Ihr kennt die Betschuanen nicht. Es könnte sein, dass ihr sie deshalb fürchtet? Ihr solltet vielleicht eure Nachbarn kennenlernen und mit ihnen sprechen.
> Livingstone lässt sich von seinem Vorhaben nicht abbringen und siehe da! Er wird von den Betschuanen freundlich aufgenommen. Als er zu den Zulus weiterwandern will, wird er, diesmal von den Betschuanen gewarnt, die Zulus wüssten nicht, wie friedfertig wir sind.
> Livingstone entgegnet auch hier: Ihr fürchtet die Zulus, weil ihr sie nicht kennt. Geht hin und lernt sie kennen![47]

Die Geschichte geht weiter und Livingstone erfährt immer wieder das Gleiche. Aus unserem Alltag kennen wir bestimmt ähnliche Situationen. Der Reisebericht Livingstones will uns vor Augen führen, wie voreingenommen der Mensch sein kann. Er legt die Selbstwahrnehmung des Eigenen und des Anderen sowie Feindbilder offen, die uns beherrschen. Livingstone demonstriert die Soziologie des Unvermögens, mit dem Andersdenkenden zu sprechen. Er lässt uns Einblick nehmen in Egozentrik und Ethnologie des Gruppenegoismus, die Feindseligkeiten hervorrufen und Kriege verursachen können.

Dieses Beispiel verdeutlicht ferner, dass Vorurteile das Ergebnis einer Differenzerziehung sind, die in allen Kulturen der Völker in unterschiedlicher Form anzutreffen ist. Kinder werden gewarnt, sich den Anderen, auch Nachbarn, zu nähern, indem

---

[47] Cottler, J. und Jaffe, H.: *David Livingstone,* 1950, S. 8.

unterstellt wird, so etwas gehöre sich nicht, so etwas mache man nicht. ›Lass das bloß sein!‹ Diese Differenzerziehung bestimmt das Verhalten des Kindes. Kinder neigen in der Regel dazu, elterliche Vorurteile oder die ihrer Bezugspersonen völlig unkritisch zu übernehmen. Dass angeblich ›Zigeuner‹ stehlen, ›Afrikaner‹ stinken oder ›Deutsche‹ Egoisten sind, wird kritiklos übernommen, ohne zu merken, dass es sich um eine unreflektierte Unterstellung handelt.

Ich denke, dass verständliche Angst vor Überfremdung und Verlust der Ich- und Wir-Identität unmittelbar und nachhaltig Einfluss nehmen auf die Erziehung unserer Kinder.

Die Wurzel einer solchen Einstellung liegt in der Differenzerziehung begründet. Dies sehen wir, wenn die Betschuanen, Khoikhoi oder die Zulus bereits als Kinder von ihren Eltern gezeigt und vorgelebt bekommen, dass die Anderen unberechenbar und gefährlich sind. Die mit den Ausdrücken ›der, die das Fremde‹ verbundenen Konnotationen wie Bedrohung oder Exoten sind Ergebnisse solcher Erziehungsformen.

In Bezug auf unsere Gesellschaft verhält es sich nicht anders. Auch unsere Kinder genießen, von Ausnahmen abgesehen, eine Differenzerziehung, die gleichsam einen Nährboden für internen Rassismus bildet, ohne sich dessen bewusst zu sein, so zu handeln. Vorurteile haben somit eine unreflektierte Ebene und erfahren ihre jeweilige Entfaltung in der Differenzerziehung. Das Gleiche gilt auch für Erziehungsformen, die Gleichmacherei zugrunde legen. Dadurch entstehen entweder *zu weite* oder *zu enge* Grenzen, die der zwischenmenschlichen Kommunikation nicht förderlich sind. Was aber sind Vorurteile? Ich unterscheide *Vorurteile* von *Vor-Urteilen*.

Vorurteile sind persönlich-negative, ablehnende Beurteilungen oder persönlich-positive, aufwertende Beurteilungen, die einem Menschen, einer Menschengruppe oder einem Sachverhalt gegenüber gepflegt werden. Hier lassen sich befreundete Länder, Gruppen oder Interessengemeinschaften gegenseitig in einem positiven Licht erscheinen, auch wenn dies nicht den Tatsachen entspricht.

Vor-Urteile beschreiben im Sinne einer Vorab-Beurteilung eine revidierbare Erwartungshaltung. Es handelt sich stets um eine vorläufige Meinung, die positiv oder negativ sein kann. Solche Vor-Urteile sind notwendig, weil sich der Mensch stets eine Vorstellung davon macht, wie eine Sache zu beurteilen ist. Er ist bemüht, die Welt auf ein handliches Format zu bringen, um ein gewisses Vorverständnis zu entwickeln. Ob er dabei apozyklisch oder enzyklisch verfährt und die Kontextualitäten sowie Situativitäten und Individualitäten beachtet, hängt mit seiner Einstellung und Intention zusammen.

Alexander Thomas gehört zu den wenigen Forschern, die sich mit Vorurteilsformen und Dimensionen der sozialen Einstellung im interkulturellen Kontext beschäftigen. Er analysiert und beschreibt die Bedeutung sowie Funktion sozialer Vorurteile und Stereotypen für die interkulturelle Zusammenarbeit. Dabei charakterisiert er sechs wesentliche Funktionen des Vorurteils, die dem Urteilenden Halt geben und für ihn positiv zu bewerten sind: die Orientierungs-, Anpassungs-, Abwehr-, Selbstdarstellungs-, Abgrenzungs- und Identitätsfunktion; ferner die Steuerungs- und Rechtfertigungsfunktion.[48]

Für Thomas stehen, wie die Abbildung zeigt, Kognition, Emotion und Verhalten in einem reziproken Zusammenhang. Aus diesem Zusammenhang heraus entstehen zunächst *Vorurteile*, die sich dann zu *Stereotypen* entwickeln. In diesem Stadium folgen drei Schritte aufeinander: Typisiertes *Wissen*: Andere sind ungebildet, kriminell und aggressiv. Typisierte *Emotion*: Andere wer-

---

48 Vgl. Thomas, Alexander: *Bedeutung und Funktion sozialer Stereotype und Vorurteile für die interkulturelle Kooperation,* 2000, S. 16 f.

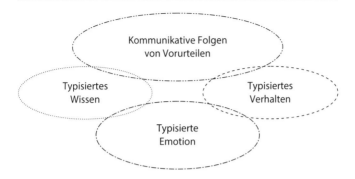

den abgelehnt, verachtet und bemitleidet. Typisiertes *Verhalten*: Andere beschuldigen, meiden oder dulden.

Stereotype sind *generalisierte* Vorurteile, die einen ablehnenden oder aufwertenden Charakter haben. Die generalisierenden Vorurteile, welche die Khokhoi, Betschuanen und Zulus gegenseitig pflegen, sind Stereotype, die bedenkliche Feindseligkeiten und Abwehrmechanismen institutionalisieren. Die folgende Erfahrung der Literaturwissenschaftlerin Dubravka Ugrešić zeigt einige Stereotype:

»Ich hatte eine interessante Kindheit, umgeben von Slowenen, die geizig waren, […] Mazedoniern, die Paprika fraßen, Bosniern, die dumm waren, Albanern, die nicht zu den Menschen zählten, Muslimen, die sechs Zehen hatten [und] Italienern, die lebende Katzen fraßen.« Bei der Auflösung Jugoslawiens dachte die Autorin solchen Vorurteilen endlich zu entkommen, aber ihre Erwartungen wurden enttäuscht. Auch im vereinten Europa war sie umgeben von »arroganten Franzosen, knickrigen Holländern, Engländern, die nichts verstehen, dreisten Türken [und] Marokkanern, die stehlen wie die Raben.«[49]

---

[49] Ugrešić, Dubravka: *Arrogante Franzosen, knickrige Holländer,* in: Die Zeit, Nr. 30 vom 17.07.2003, S. 11.

Um den Betroffenheitsgrad des Anderen internalisierend verstehen zu können, ist zu empfehlen, sich einen spiegelverkehrten Fall vorzustellen und zu überlegen, wie ich mich in einer solchen Situation fühlte, wenn ich so angesprochen würde. Diese Spiegelung ist eine dialogische Methode, um das eigene Verhalten und seine Auswirkung auf den Anderen zu reflektieren. Wenn ich sage: ›Die Orientalen neigen zum Fundamentalismus‹, so kann ich dieses Urteil dadurch überprüfen, dass ich die Frage umgekehrt an mich herantrage und die Aussage formuliere: ›Alle Europäer neigen zum Fundamentalismus.‹ In einem solchen spiegelbildlichen Fall wird mir deutlich bewusster, wie sich das Andere durch die Generalisierung meiner Aussage fühlt. Dies bezeichne ich als ästhetische Oberflächlichkeit, indem alles auf eine intellektuelle Ebene diversifiziert wird.

Die diskutierten Beispiele machen deutlich, dass die Frage nach Vorurteilen ein im Menschen tief sitzendes Phänomen darstellt. Vorurteile sind Folgen kultureller Konditionierungen, die Menschen bereits in der Primärsozialisation durchleben, in der Menschen in Objekte unterteilt werden, mit denen Kinder gemäß der Wünsche ihrer Bezugspersonen umgehen. Hier bilden sich Fundamente für die noch ausstehende Lebensgestaltung des Menschen in der Welt.

Die Sekundärsozialisation setzt diese erzieherische Konditionierung durch politisch geförderten Mainstream fort. Im Erwachsenenalter ist es nicht leicht, sich von diesen nun festgefahrenen Konditionierungen zu befreien und die abgestorbene Liebe zum Nächsten und das Interesse für das Andere durch die Brille der Wertschätzung wieder lebendig werden zu lassen.

3.3 Gibt es kulturelle Eigenlogik?

Können wir von der Annahme ausgehen, dass es eigenkulturelle Logik oder Denkstile gibt, die einander *völlig* wesensfremd sind? Gibt es so etwas wie ›Afrikanische Logik?‹, ›Europäisch-westliche Logik?‹, ›Orientalische Logik?‹ oder ›Asiatische Logik?‹ Was hätte eine solche Annahme für Konsequenzen? Würde es nicht wie das Erlernen einer Fremdsprache die Kommunikation erleichtern?

Wir alle kennen Äußerungen wie ›Das ist keine Logik, verstehe mich doch!‹ oder ›Bei euch bzw. bei uns gilt ...‹ Warum werden solche Äußerungen gemacht? Ist dies nicht doch ein Hinweis auf kulturbedingte Eigenlogik?

Der amerikanische Anthropologe Richard Nisbett versucht durch eine Studie nachzuweisen, dass das Denken im Osten und im Westen grundsätzlich verschieden ist. Nach Nisbett unterscheidet sich das charakteristische Denken unterschiedlicher Gruppen erheblich, und zwar aufgrund verschiedener Vorstellungen von der Natur, der Welt und der Metaphysik. Denkprozesse hängen nach Nisbett stark von den Vorstellungen des Diesseits und Jenseits ab, aufgrund derer die menschliche Erkenntnis der Welt einen Sinn ergäbe.[50] Er unterscheidet zwei ›Denkstile‹ bzw. Formen der menschlichen ›Logik‹:

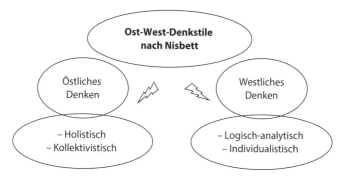

Das Denkmodell des Westens ist logisch-analytisch und *ausschließlich* individualistisch geprägt, während das Denkmodell des Ostens kollektivistisch d. h. an einem übergreifenden Ganzen gekoppelt ist und Individuen als Teil der Gemeinschaft begreift. Auf der Grundlage von Nisbetts Klassifizierung ist westliches Denken vorwiegend analytisch und sachlich ausdifferenziert,

---

50 Vgl. Nisbett, Richard E.: *The Geography of Thought*, 2003.

während östliches Denken vorwiegend kollektivistisch und holistisch ausgerichtet ist.

Um die Wesensart der Theorie von Nisbett zu begreifen, empfehle ich Ihnen, den folgenden Test zu machen. Es geht, wie das Schaubild zeigt, um die Beantwortung der Frage, in welchem Verhältnis Huhn, Gras und Kuh stehen. Mit diesem einfachen Experiment können Sie herausfinden, ob Sie Europäer oder Asiate sind.

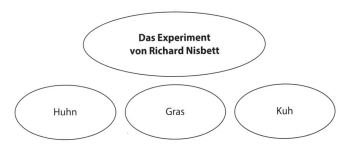

Das Experiment Nisbetts ist wie folgt verlaufen: Er fordert jeweils 50 ›Asiaten‹ und ›Europäer/Amerikaner‹ auf, die Ausdrücke ›Huhn‹, ›Kuh‹ und ›Gras‹ miteinander in Verbindung zu bringen.

Nach der Beantwortung der gestellten Fragen dürfen Sie weiterlesen!

Nisbett kommt zu folgendem Schluss: Die Assoziation der ›Asiaten‹ sei gewesen, die ›Kuh‹ fresse das ›Gras‹. Auf die gleiche Frage hätten die ›Europäer/Amerikaner‹ eher ›Huhn‹ und ›Kuh‹ in Verbindung gebracht mit der Begründung, diese seien Lebewesen.

Nisbett hält die Ergebnisse dieses ›empirischen‹ Experiments für repräsentativ und schlussfolgert, dass Asiaten holistisch-kollektivistisch denken, weil sie nach einer kosmischen Verbindung suchen, während die ›Europäer/Amerikaner‹ individualistisch-analytisch nach Strukturen suchen. Diese These Nisbetts hat allgemeine Anerkennung gefunden, so dass auch viele Neurowissenschaftler im Westen der Meinung sind, dass es so etwas wie kulturelle Eigenlogik geben kann bzw. gibt. Dies lässt sich im Bereich der Gestik und Mimik beobachten, wenn unterstellt wird, dass Gesichtsausdrücke kulturkollektiv bestimmte Aussagen enthalten. Diese These lässt sich in der Tat verifizieren, wenn wir Menschen als Rechner bzw. Waschmaschinen betrachten, die nach einer bestimmten Gebrauchsanweisung funktionieren.

Die Folgerungen Nisbetts lassen somit vermuten, dass er Kulturen als geschlossene Kreise begreift und das menschliche Denken selbst auf genetisch verankerte Mechanismen zurückführt, die hermetisch voneinander getrennt sind. Nach einer solchen Auffassung wären Kulturen einander wesensfremd, weil sie über eine jeweils eigenkulturelle Logik verfügen.

Gernot Böhme argumentiert ähnlich, weil er nur im europäischen ›Menschentum‹ die Fähigkeit erblickt, wissenschaftlich zu klassifizieren. Er ist der Auffassung, »daß selbst der Versuch der Überwindung des Eurozentrismus eurozentrisch bleibt, denn er wird mit den Mitteln der Wissenschaft unternommen. Wissenschaftlich an solche Probleme heranzugehen ist eine typisch europäische Manier, und der Typ dieser Wissenschaft ist bis in die Begriffe und Erhebungsmethoden hinein von europäischer Kultur und Weltauffassung geprägt.«[51]

Böhme hält außereuropäisch-westliche Hemisphären für unfähig, sogar dem Eurozentrismus ohne europäische Klassifikationssysteme angemessen zu begegnen, weil ihnen das analytische Verständnis fehle. Eine solche Haltung grenzt an Kulturchauvinismus, der jeder Kommunikation abträglich ist. Hegemoniale Konstruktionen des Anderen und die damit verbundenen Wertungen als ›primitiv‹, ›exotisch‹ oder ›irrational‹ im Kontrast zum Eigenen sind das Ergebnis einer einseitigen Repräsentation. Hier wird nicht die eigenkulturelle Realität des Anderen wahrgenommen, sondern das, was wir sehen wollen.

Rolf Arnold hält kulturchauvinistische Theorien für unfruchtbar, zu denen auch der Ansatz von Böhme zuzuordnen ist. Arnold kritisiert den alleinigen Universalitätsanspruch der »abendländischen Vernunft«, die als Maßstab aller Vergleiche angesehen wird.

---

51 Böhme, Gernot: *Anthropologie in pragmatischer Hinsicht*, 1985, S. 222.

Nach diesem Muster würden außereuropäische Verhaltensweisen als »defizitär« marginalisiert. Arnold bezeichnet solche Ansprüche als »kulturbedingte Trugschlüsse«. Damit weist er darauf hin, dass nicht nur »die Fremden« in ihrer kulturellen Eigenart unreflektiert befangen sind.[52]

Eine kulturbedingte Logik des Eigenen und des Anderen gibt es nicht. Eine Schlussfolgerung von gegebenen Voraussetzungen auf logisch zwingende Folgen (deduktiv) und ein Schluss aus beobachteten Phänomenen auf eine allgemeinere Erkenntnis (induktiv) ist nicht kulturspezifisch, sondern kulturunabhängig, von Person zu Person anders. Dies bedeutet, dass Momente des analytischen als auch solche des holistischen Denkens in allen Kulturräumen und im Denken aller Individuen gleichermaßen anzutreffen sind. Eine interkulturelle Sichtweise steht jeder zentristischen Form des Denkens, Redens und Handelns in Theorie und Praxis ablehnend gegenüber.

Jitendra Nath Mohanty stellt in diesem Geiste fest, dass häufig versucht wird, das als intuitiv-mystisch klassifizierte östliche Denken und das als rational-logisch eingestufte westliche Denken gegeneinander auszuspielen, um dem östlichen Denken seine Minderwertigkeit vor Augen zu führen. In den Zeiten des Kolonialismus nahmen die eroberten Länder tatsächlich diese Rolle an und es ergab sich ein Teufelskreis im Sinn einer ›Selfulfilling Prophecy‹.[53]

Abdolhossein Zarrinkoub weist ebenfalls die Annahme einer eigenkulturellen Logik zurück. In seinem Werk ›Nicht östlich – nicht westlich – menschlich!‹ schlussfolgert er: »Diejenigen, die das Morgenland und Abendland wie Schwarz und Weiß voneinander trennen, leugnen oder übersehen das ununterbrochen dialektische Verhältnis der Dinge überhaupt, insbesondere aber der Kulturen.«[54]

---

52 Arnold, Rolf: *Interkulturelle Berufspädagogik,* 1991, S. 41 ff.
53 Vgl. Mohanty, Jitendra Nath: *Philosophie zwischen West und Ost,* 2006, S. 287 ff.
54 Zarrinkoub, Abdolhossein: *Na sharghi, na gharbi – ensani* [Nicht östlich – nicht westlich – menschlich!], Teheran 2001, S. 27 f.

Die Grundlage von Nisbetts Äußerungen sind insofern Stereotype und eine dichotomisierende Art, sich die Welt oder Menschen vorzustellen. Solcherlei Studien mögen theoretisch interessant sein, praktisch sind sie aber unbrauchbar, weil sie eine kulturessentialistische Tendenz in sich tragen, die jedem echten Dialog abträglich sind.

3.4 Warum ist Macht von Bedeutung?

Der Mensch ist Zeit seines Lebens mit diversen Kämpfen, Krisen und Konflikten jeglicher Art konfrontiert. Womit mag dies außer Egoismus und Habgier zusammenhängen? Der Mensch ist ein Machtwesen. Diese Eigenschaft ist seine Stärke und Schwäche zugleich. Stärke, weil er stets bemüht ist, Herr der Natur und übrigen Lebewesen zu werden, was ihm ein gutes Leben ermöglicht. Schwäche, weil er gegen seine Natur aggressiv, unberechenbar und destruktiv auftreten soll.

Macht ist somit ein Bestandteil menschlicher Existenz. Sie potenziert die Wirksamkeit des Menschen, dies unabhängig davon, ob sie förderlich oder verletzend, verbindend oder trennend ausgeübt wird. Das Gespräch zwischen dem griechisch-baktrischen König Menandros und dem buddhistischen Mönchphilosophen Nagasena verdeutlicht die Grenzbereiche der Macht:

> Der König sprach: »Ehrwürdiger Nagasena, wirst du weiter mit mir diskutieren?«
> »Wenn du, großer König, in der Sprache eines Gelehrten diskutieren wirst, dann werde ich mit dir diskutieren. Wenn du aber in der Sprache des Königs diskutieren wirst, dann werde ich nicht mit dir diskutieren.«
> »Wie, ehrwürdiger Nagasena, diskutieren denn die Weisen?«
> »Bei einer Diskussion unter Weisen, großer König, findet ein Aufwinden und ein Abwinden statt, ein Überzeugen und ein Zugestehen; eine Unterscheidung und eine Gegen-

unterscheidung werden gemacht. Und doch geraten die Weisen nicht darüber in Zorn. So, großer König, diskutieren die Weisen miteinander.«
»Wie aber, Ehrwürdiger, diskutieren die Könige?«
»Wenn Könige während einer Diskussion eine Behauptung aufstellen und irgendeiner diese Behauptung widerlegt, dann geben sie den Befehl, diesen Menschen mit Strafe zu belegen. Auf diese Weise diskutieren die Könige.« [...]
»Ich werde in der Sprache der Weisen diskutieren«, antwortete der König.[55]

Der Analyse dieser Unterredung, worauf ich noch zu sprechen komme, möchte ich die Erklärung voranstellen, was Macht ist.

Nach Molla Sadra ist »Macht eine *dispositio* des Lebewesens, durch deren Vermittlung eine Handlung aus ihm hervorgehen kann, wenn es will. Ihr Gegenteil ist die Machtlosigkeit. Nach den verschiedenen Handlungen ist die Verschiedenheit der Arten der Macht zu bemessen. Letztere ist eine Eigenschaft, die in ihrem Wesen eine Potentialität ausdrückt und sich zum Handeln oder Nichthandeln indifferent verhält. Der Wille hebt diese Indifferenz auf, wenn er von außen hinzutritt. Die Macht aber, die identisch mit der Erkenntnis des Guten ist, ist frei von Potentialität für das Handeln.«[56]

Molla Sadra zeigt, dass der Mensch über das nötige Vermögen verfügt, sich für das Gute oder das Schlechte zu entscheiden, das er in sich trägt. Es ist der freie Wille, der ihm die Möglichkeit gibt, sich für das Eine oder das Andere zu entscheiden. Der Mensch hat folglich die Möglichkeit, von seiner naturgegebenen Macht positiven oder negativen Gebrauch zu machen.

Macht bedeutet für Max Weber in diesem Sinne »jene Chance, innerhalb einer sozialen Beziehung den eigenen Willen auch gegen Widerstand durchzusetzen, gleichviel worauf diese Chance

---

55 Mehlig, Johannes: *Weisheit des alten Indien,* 1987, S. 347 f.
56 Molla Sadra: *Das philosophische System von Schirazi,* 1913, S. 107.

beruht.«[57] Macht wird hier als eine Fähigkeit verstanden, den eigenen Willen situations- und kontextbedingt, notfalls auch gegen den Willen des Anderen, argumentativ oder gewaltsam durchzusetzen, wobei Gewalt eine theoretische und eine praktische Dimension hat. In jeder Kommunikation wird stets Gewalt in Form von Machtverhältnissen ausgeübt. Diese Form der Machtausübung lässt sich im sozialen, politischen oder wissenschaftlichen Kontext unterschiedlich beobachten.

Nach diesem Vorverständnis hat der Machthabende alle Fäden in der Hand: Er kann nach seinem Belieben verteufeln, belohnen oder versklaven, muss es aber nicht. Der Machthabende kann somit eigenmächtig bestimmen, ob und inwieweit er von seiner Macht Gebrauch machen will. Die Frage nach der Ausübung der Macht ist stets in einem kontextuellen Zusammenhang zu betrachten. Hat ein Mensch in einem Kontext keine Macht, so kann er in einem anderen Kontext mächtiger als die übrigen sein.

Betrachtet man einen Schüler, der aufgrund seiner geringen Körpergröße gehänselt wird und sich nicht recht verteidigen kann, der aber gleichzeitig der führende Schachspieler seiner Schule, seiner Stadt oder seines Landes ist, so wird ersichtlich, dass er zwar in einem Kontext keine Macht besitzt, aber sich in anderen Kontexten als überlegen erweist. Jeder Mensch, der die Macht in sich entdeckt, wird irgendwie, gemäß seiner inneren Ressourcen und soziokulturellen Hintergründe, zum Pokerspieler seiner selbst, und er spielt oft mit seiner Existenz. »Macht wählt aus«, schreibt Karl Jaspers, »verwirft, lässt vergessen, ruft wieder in Erinnerung. Der Vorrang der Sieger hat die Folge, dass der Besiegte nicht nur seinen Lebensraum, sondern auch sein Wort verliert.«[58]

Um verschiedene Dimensionen der Macht zu beleuchten, unterscheide ich zwischen *negativer* und *positiver* Macht:
1. *Negative Macht* ist eine Fähigkeit, die darauf ausgerichtet ist, alles nach einer apodiktischen Selbstgesetzgebung, ohne Rück-

---

57 Weber, Max: *Wirtschaft und Gesellschaft*, 2010, S. 38.
58 Jaspers, Karl: *Weltgeschichte der Philosophie*, 1982, S. 159.

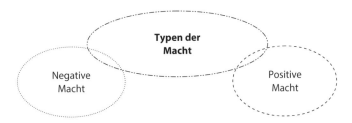

sicht auf die Interessen des Anderen, zu beherrschen, dies in Politik, Gesellschaft und Wissenschaft.

Negative Macht verfährt zentristisch. Sie ist in der Regel theoretisch wie praktisch gewalttätig. Viele Konflikte und Kriege fußen auf einem solchen Machtbegriff, der nur so verstanden werden will: Die Macht des Eigenen strebt die faktische Ohnmacht des Anderen an. Eine solche ›Hermeneutik der Macht‹ agiert auf der Basis eines ›doppelten Menschenbildes‹: Eines Menschenbildes *erster* Ordnung, das sich auf das Eigene bezieht und von diesem aus sein Verhältnis zum Anderen definiert. Das Menschenbild *zweiter* Ordnung ist dem Ersten untergeordnet, so untergliedert sich die Menschheit in Menschen erster und zweiter Klasse.

Negative Macht verfährt stets verabsolutierend und zentristisch. Dabei geht es um Sicherung eigener Hegemonie durch asymmetrische Dialogführung sowie theoretische und praktische Gewalt. Sie verlangt vom Anderen seinen Standpunkt und seine Sicht der Dinge aufzugeben. Er wäre per Dekret verpflichtet, sich dem oder den Machthabenden zu unterwerfen.

2. *Positive Macht* ist *hingegen* eine Fähigkeit, die darauf ausgerichtet ist, alle möglichen Machtformen einzusetzen, um eine gleichheits- oder gerechtigkeitsorientierte Kommunikation zwischen unterschiedlichen Formen des Denkens und Handelns zu ermöglichen, dies in Politik, Gesellschaft und Wissenschaft. Diese Machtform verfährt pluralistisch. Hier werden Kontrollmechanismen gemeinsam erarbeitet und getragen. Sie ist theoretisch wie auch praktisch kommunikativ.

Positive Macht befähigt dazu, etwas im Sinn der Gemeinschaft zu verändern und zu gestalten, ohne dem Anderen seinen Freiheitsspielraum zu nehmen. Hier verliert die Vorstellung von der Macht im Zentrum und der Ohnmacht an der Peripherie ihren Boden. Positive Macht erreicht ihre Grenzen dort, wo die Würde des Menschen mittelbar oder unmittelbar verletzt wird. Geleitet ist sie von symmetrischer Dialogführung sowie von theoretischer und praktischer Gewaltlosigkeit. Sie sucht das argumentative Denken und eine dialogische Horizontüberlappung. Denn Macht und Gewalt spiegeln nicht das wahre Wesen des Menschen, weil er von Natur aus *auch* ein Gewissen und Mitmenschlichkeitsgefühl hat. Gewalt ist die Folge äußerer Erscheinungen wie Macht und Interesse.

Das bereits angeführte Gespräch zwischen Menandros und Nagasena dürfte die Problematik des negativen und positiven Machtgebrauchs verdeutlicht haben. Dieses Beispiel macht deutlich, *wann*, *wo* und mit *welchen* Methoden Machtkonstellationen Diskurse determinieren. Menandros ist ein König, der jederzeit von seiner Macht positiven oder negativen Gebrauch machen kann. Nagasena verfügt jedoch nicht über diese Variabilität der Möglichkeiten. Er kann ausschließlich auf positive Macht setzen, weil der König nach seinem Belieben belohnen und bestrafen kann.

Macht, wie sie Menandros besitzt, kann Handlungsregeln definieren und sie eigenständig für allgemeinverbindlich erklären. Das Beispiel von Menandros und Nagasena verdeutlicht letztlich, dass Macht eine konstruktiv-positive und eine destruktiv-negative Dimension besitzt. Während positive Macht beschützend ist, sucht negative Macht Beherrschung.

Es gibt eine latente Form der negativen Machtausübung, welche die Individuen in bestimmte Richtungen zwingt, ohne dass sie sich dessen bewusst sind. Es ist unübersehbar, dass die immer mehr voranschreitende Technik indirekt Macht auf das Bewusstsein der Zeit sowie unser Welt- und Menschenbild ausübt. Menschen können häufig nicht mehr zwischen Wahrheit und Fiktion unterscheiden. Sie leben im Glauben, über einen großen Bekanntenkreis zu verfügen, haben zahlreiche Internetbekanntschaften, mit denen sie aber im realen Leben kaum etwas zu tun haben. Es handelt sich um eine virtuelle Welt, in die sich viele Individuen hineinbegeben. Auch das Bedürfnis, in Gesprächen immer dabei zu sein, eine Art ›digitaler Gruppenzwang‹, verleitet dazu, dass viele zwar mit ihren Smartphones kommunizieren, Menschen sich aber kaum mehr von Angesicht zu Angesicht unterhalten.

Auch Mode ist Ausdruck einer latenten Machtausübung, denn hier sind bestimmte Konzerne, die in einem harten Kampf entscheiden, was ›in‹, also modern ist und was als ›altmodisch‹ gilt. Dadurch entsteht auch ein interkultureller Machtstreit, um Vormachtstellung und Gewinnmaximierung in den Märkten. Hier kommen unvermeidlich die Fragen auf: Befinden wir uns nicht im Zeitalter einer ›digitalen Sklaverei‹, die unsere Wahrnehmung beeinflusst? Ist diese Entwicklung nicht auf eine latente Macht der Konzerne und Medien zurückzuführen?

Es ist und bleibt eine zentrale Aufgabe interkultureller Kommunikation, durch die Anwendung *positiver* Macht die *negative* Macht und den *krankhaften* Egoismus zu zügeln. Bestimmend sind moralische Vorstellung, aufgeklärtes Handeln und standpunktbewegliche Denkweise der Individuen.

3.5 Ist Egoismus dem Dialog abträglich?

Zu den immerwährenden Fragen der Wissenschaft gehört die Debatte, ob der Mensch von Natur aus egoistisch sei, ob ihm dies in den Genen stecke oder ob er von Natur aus altruistisch bzw. kooperativ denke und handele. Es ist schwer zu bestimmen, ob es Altruismus ist oder Egoismus, der ihm sein Überleben sichert.

Unter ethischen Gesichtspunkten sind Egoismus und Altruismus für die zwischenmenschliche Kommunikation grundlegend. Während egoistische Theorien den Menschen von Natur aus für böse halten, der rücksichtslos auf seinen Vorteil bedacht ist und sich selbst als der schlechthinnige Maßstab des Handelns betrachtet, begreifen altruistische Ansätze Menschen als von Natur aus gute Wesen, die sich selbstlos für die Anderen einsetzen und die Interessen des Gemeinwohls als Maßstab des Handelns bevorzugen.

Die übertriebenen Formen von Altruismus und Egoismus werden als Gefahren der menschlichen Begegnungen betrachtet, wenn wir diese in Übermaß, Untermaß und das weise Maß unterteilen. Die Rede vom Altruismus schließt immer die Frage nach dem Egoismus mit ein. Was ist aber dieser Egoismus?

Das Phänomen ›Egoismus‹ kennt, wie der ›Altruismus‹, viele Erscheinungsformen und spielt bei jeder Kommunikation und in ihren Kontexten eine dominante Rolle, wobei er nicht per se abzulehnen ist.

Durch die differenzorientierte Erziehung und das von Egoismus gesteuerte Gesellschaftssystem entdeckt der Mensch in sich eine Haltung, Ellenbogen und Zähne zu zeigen und andere für seine Belange zu instrumentalisieren. Die Art und Weise, wie wir denken lernen, wie wir kommunizieren lernen oder wie wir handeln lernen, ist stets mit diesem latenten Egoismus verbunden. Auch der Umgang mit Macht und Eigeninteresse liegt tief in diesem Erziehungskonzept und erlernten Egoismus.

Der Grad an Egoismus ist in jedem Menschen unterschiedlich. Ein Politiker will, dass die Bürger ihn wählen, ein Gemüsehändler will, dass man seine Waren kauft, ein Lehrer will im Vergleich zu anderen Kollegen besser dastehen als sie, ein Priester erhofft sich zumindest durch seine Wohltätigkeit einen Platz im Himmel, Autoverkäufer oder Wirtschaftsunternehmer setzen alles daran, Gewinne zu machen. Es ist z. B. durchaus legitim, wenn Albert Schweitzer als ein humaner und helfender Mensch mit 30 Jahren ein Medizinstudium beginnt und von da an im afrikanischen Urwald Menschen heilt, ihnen dabei aber in missionarischer Absicht das Evangelium verkündet.

Auch wenn Partnerschaften geschlossen werden, so ist Egoismus im Spiel, um z. B. eigene Einsamkeit zu überwinden. Es gibt also keine menschliche Handlung ohne Eigennutz. Egoismus kennt eine konstruktiv lebensnotwendige Dimension und eine destruktive Seite. Um ein differenziertes Bild dieses Begriffs zu ermöglichen, unterteile ich Egoismus in *sechs* Typen:

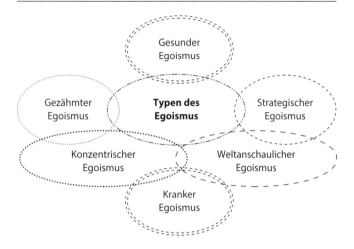

1. Wir bezahlen an der Kasse, wir warten bei roter Ampel, wir geben uns Regeln oder lassen uns welche auferlegen. Wir beachten Recht und Gesetz. Dieser *gezähmte* Egoismus ist eine Egoismusform mit Spielregeln, an die wir uns Zeit unseres Lebens per Gesellschaftsvertrag halten, solange wir am sozialen Leben teilhaben möchten.
2. Wir sind innerhalb einer Gruppe gezähmt egoistisch und sogar solidarisch, nach außen sind wir *hingegen* gemeinsam gruppenegoistisch. Dementsprechend sind wir unserer Familie, unserem Stadtteil, unserem Land gegenüber zwar solidarisch, den jeweils anderen Gruppen gegenüber aber egoistisch, weil wir gemeinsam mehr erreichen und für uns sichern können. Durch diese jeweilige Identifikation sagen wir dann mit Stolz ›Made in Japan‹ oder ›Made in USA‹ usw. Diese Form ist Egoismus in *konzentrischen* Kreisen.
3. Wir schmieden Pläne, besuchen Schulungen und lernen Tricks, um besser als andere dazustehen und unsere Ziel schneller zu realisieren. Deshalb bauen wir bewusst und clever kalkuliert das Image des Vertrauenswürdigen auf, taktieren langfristig und setzen auf Partnerschaft und Kooperation. Diese Denkart ist eine *strategische* Form des Egoismus. Dem-

entsprechend wird es sogar für ethisch verpflichtend betrachtet, seinen Nutzen zu maximieren.
4. Jeder Mensch hat sein eigenes Welt- und Menschenbild, das ihm seine Art zu denken, zu reden und zu handeln bestimmt. Die Verabsolutierung des eigenen Welt- und Menschenbildes artikuliert eine Art *weltanschaulicher* Egoismus, der jedem echten und offenen Dialog abträglich ist. Das Ergebnis solcher Haltungen ist in der Regel ein Kommunikationsabbruch und ein Streit der Weltanschauungen im Namen eines bestimmten Denkgehäuses.
5. Wir machen in der Regel einen Zaun um unser Grundstück, wir kaufen ein, wo es am billigsten ist usw. Dieser Typ des *gesunden* Egoismus stellt eine Notwendigkeit im menschlichen Leben dar. Wir benötigen ihn, um im Leben bestehen zu können. Jeder von uns hat den Wunsch, im Vergleich zu anderen ein gutes Examen zu bestehen, Direktor einer Firma zu werden, mehrere Sprachen zu erlernen und im Leben, im Vergleich zu anderen, eine Position zu haben. Das sind wichtige Ziele im menschlichen Leben. Die Frage ist aber stets, wie man diese Ziele erreicht.
6. In uns Menschen lebt auch, wie erwähnt, eine destruktive Form des Egoismus, eine ichsüchtige Eigennützigkeit. Die unersättliche Habsucht und Gier verlangen nach Macht und Dominanz in allen Bereichen des Lebens. Diese Form des Egoismus nenne ich *kranker* Egoismus, aus dem Kriege und organisierte Gewalt erwachsen.

Weil der Egoismus und seine Erscheinungsformen eine menschliche Konstante darstellen, ist von Bedeutung, dass Kommunikation eine empathische und damit eine den Egoismus beruhigende Dimension haben sollte, weil wir kaum von anderen erwarten können, ihre eigenen Interessen *total* in den Hintergrund zu stellen und *völlig* selbstlos zu handeln.

Im Diskurs betrachten und hinterfragen wir diese und ähnliche Formen des Egoismus, die in Gesellschaft, Wissenschaft und Politik anzutreffen sind. Gefühle offenbaren unsere innere Welt, die Wünsche und virulente Bedürfnisse artikulieren. Deshalb ist es wichtig, Kommunikationen so auszurichten, dass eine gemeinsame Bedürfniserfüllung und ein wechselseitiges Wohlergehen der Kommunizierenden gewährleistet sind. Hierbei darf durchaus eine Mischung aus *angestrebtem* Altruismus und *gesundem* Egoismus zum Tragen kommen. Dies hilft Extrempositionen zu vermeiden. Dadurch kann es gelingen, negative Dimensionen kultureller Konditionierungen zu minimieren und im Idealfall zu überwinden.

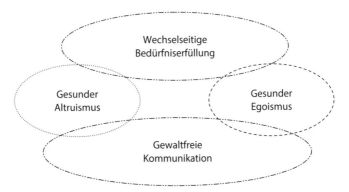

Jede Kommunikation steht und fällt mit irgendeiner Form des Egoismus. Freilich artikulieren sich die genannten Ausprägungen des Egoismus bei jedem Individuum anders. Daher ist es von Bedeutung, im Kontext der Kommunikation stets die Individualität der Kommunizierenden zu betrachten.

Echte Kommunikation setzt in diesem Zusammenhang eine Selbstrelativierung unserer inneren egoistischen Vorprogrammierung voraus, aus dem unser Verhalten hervorgeht.

Ausblick

Gelungene Kommunikation wird in einer sich globalisierenden Welt immer wichtiger, wenn auch schwieriger. Diese hermeneutisch neue Situation erfordert auch neue Denk- und Wahrnehmungswege, um die zwischenmenschliche Kommunikation angemessen zu gestalten.

Im ersten Kapitel haben wir Kulturen als offene, im Wandel begriffene Sinn- und Orientierungssysteme kennengelernt, die sich gegenseitig beeinflussen:

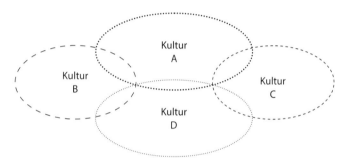

Es ist vielversprechend, den Kulturbegriff in einem interkulturellen Kontext stets vom Anderen aus zu durchdenken, um uns seine Faszination zu vergegenwärtigen. Von dieser Erkenntnis ausgehend führten wir im zweiten Kapitel den Begriff der Kommunikation ein, welche die Grundlage des dritten Kapitels bildete. Dabei erläuterten wir Sinn und Bedeutung einer kontextuellen, gewaltfreien Kommunikation und diskutierten im Anschluss daran sieben Fragen, die den Charakter einer jeden Kommunikation bilden:

– Was heißt Identität?
– Was bedeutet kompetentes Verhalten?
– Warum sind Wortbedeutungen zu beachten?

Ausblick

- Wie verstehen sich das Eigene und das Andere?
- Wozu sind Vergleiche gut?
- Wie werden wir uns gegenseitig gerecht?
- Warum brauchen wir Normen?

Situativität, Individualität und Kontextualität sind bei der Beantwortung dieser Fragen konstitutiv, weil die jeweiligen Situationen in der Regel hochgradig komplex, die jeweils handelnden Personen singulär und die kulturellen Kontexte von erheblicher Unterschiedlichkeit sein können.

Im letzten Kapitel haben wir uns den Hindernissen der Kommunikation gewidmet. Dabei haben wir folgende Fragen erörtert:

- Ist der Absolutheitsanspruch notwendig?
- Wie wirken Vorurteile und Stereotype?
- Gibt es kulturelle Eigenlogik?
- Warum ist Macht von Bedeutung?
- Ist Egoismus dem Dialog abträglich?

Wenn wir unsere gewonnenen Erkenntnisse zusammenfassend betrachten, so werden wir feststellen, dass Kommunikationsstörungen auftreten können,

- wenn nicht ernsthaft kommuniziert wird,
- wenn Kulturen als statische Gebilde betrachtet werden,
- wenn Kontext, Situation und Individualität unbeachtet bleiben,
- wenn wir die Anderen nur durch die eigene Brille betrachten,
- wenn Unterschiede bestimmt und Ängste geschürt werden,
- wenn Diskurse nicht denkend, verstehend und lernend sind,
- wenn keine Bereitschaft besteht, Vorurteile abzubauen,
- wenn von eigenkultureller Logik ausgegangen wird,
- wenn Egoismus jeden Altruismus ersetzt,
- wenn negative Macht die Verhältnisse dominiert.

Ob wir Menschen, die aus einem anderen Kulturraum kommen, mit Vorbehalt begegnen oder sie schätzen, hängt damit zusammen, welches Bild wir von ihnen haben. Wenn die USA z. B. in unseren Medien positiv als ›das Land der unbegrenzten Möglichkeiten‹ gefeiert werden und China negativ als ›menschenrechtsverachtendes Regime‹ oder ›gelbe Gefahr‹ zur Darstellung kommt, so ist durchaus nicht auszuschließen, dass unser psychischer Haushalt in die eine oder andere Richtung von Vorurteilen gepflastert wird. Während ein positives Bild Vertrauen und damit Neugierde erzeugt, seine Ideale in diesem Land zu verwirklichen, bringt ein negatives Bild in erster Linie Ängste hervor, die unmittelbar Distanz schaffen und Menschen daran hindern, Chinesen offen gegenüberzutreten.

Ein negatives Bild erweckt also Angst, die uns dazu bewegt, uns in unserem Gehäuse aufzuhalten. Es ist naheliegend, dass hier mit Kategorien und Schubladen gearbeitet wird, wie mit ›das Gute und das Schlechte‹, ›das Schöne und das Hässliche‹ oder ›der Freund und der Feind‹, also unüberbrückbaren Gegensätzen. Auf diese Weise entsteht theoretische und praktische Gewalt dem Anderen gegenüber.

Wir benötigen eine Pädagogik der Gemeinsamkeiten bzw. der Konvergenz, eine neue Ontologie der Interkulturalität als solide Basis der kommunikativen Begegnung mit dem Anderen, welche auch die Grundlage der Suche nach Unterschieden bildet. Die bloße Idee einer Pädagogik der Differenz bzw. Verschiedenheit, nach der alles in ›Wir‹ und ›die Anderen‹ unterteilt wird, ist eine trennende Haltung, die zu kurz greift, weil hier *ausschließlich* die Unterschiede betont werden, während es vielmehr Gemeinsamkeiten sind, die verbinden.

Es ist möglich, das Gemeinsame in uns zu suchen. Das gemeinsame kulturelle Erbe in uns ist ein dialogisches Gut, das uns, jenseits aller Differenzen kultureller und religiöser Art, verbindet. Dies ist weder ein idealistischer noch ein esoterischer Wunsch, sondern ein erreichbares Ziel, das voraussetzt, dass ein ernsthaftes Interesse an einer Begegnung mit dem Anderen vorhanden ist.

Die Verwirklichung eines solchen Zieles setzt eine Reihe von Verzichtleistungen voraus. Zu diesen Leistungen gehören in erster Linie die Aufhebung von Monokulturalität und die Überwindung jeglicher Form von Zentrismus sowie Differenzerziehung.

Ausblick

Auch die Überwindung unserer Ängste, den Anderen als eine Bedrohung wahrzunehmen, und die Infragestellung unserer fragmentierten Weltvorstellung sind grundlegend. Dies ermöglicht uns, einen kulturübergreifenden Denkhorizont zu entwickeln, um ein kritikoffenes Gespräch in wertschätzender Anerkennung von Gemeinsamkeiten und Unterschieden zu führen.

Gewaltfreie, kontextuelle Kommunikation ist ein möglicher Weg, um die Mauer der Differenzerziehung zu durchbrechen. Sie schafft ein neues Bewusstseinsniveau, eine tiefgreifende innere Transformation und stellt ein dialogisches Werkzeug dar, das dazu beiträgt, in eine offene Begegnung mit dem Anderen zu treten. Es geht um überlappende Energien in uns Menschen, die uns und unsere Denkwelten miteinander verbinden. Diese im Menschen wirksamen Energien können Bedürfnisse, Sehnsüchte oder Sorgen sein. Gewaltfrei zu kommunizieren heißt also in erster Linie, die Wurzeln des Problems zu begreifen. Macht, Gier und Egoismus erzeugen Gewalt. Gewaltfrei zu kommunizieren bedeutet somit, eine empathische Beziehung mit dem Anderen aufzubauen und einfühlsam zu pflegen.

Religion, Kunst und Wissenschaft sind außerordentlich wichtige Mittel, um auf diesem Wege die Mauer zwischen dem positiven und negativen Bild des Anderen zu durchbrechen. Alle drei Bereiche tragen zu grenzüberschreitenden Wahrnehmungshorizonten des Eigenen und des Anderen bei.

Echte Kommunikation, die stets gewaltfrei ist, bedeutet, sich mit dem Leben zu verbinden und das Wohlergehen aller zu fördern. Bereits Sartoscht hat mit seiner Elementarethik darauf hingewiesen, sich stets an Prinzipien des guten Denkens, guten Redens und guten Handelns zu orientieren, um Freundschaft und Brüderlichkeit hervorzubringen. Die Grundlage einer solchen Orientierung, durch die auch Vorurteile minimiert oder gar vermieden werden können, sind empathisches Verstehen, wertschätzende Zuneigung und Erwiderung wechselseitiger Sehnsüchte.

Literatur

Ahlheim, Klaus (Hrsg.): *Die Gewalt des Vorurteils.* Eine Textsammlung, Schwalbach/Ts. 2007.
Albrecht, Corinna: *Der Begriff der, die, das Fremde.* Zum wissenschaftlichen Umgang mit dem Thema Fremde: ein Beitrag zur Klärung einer Kategorie, in: Vom Umgang mit dem Fremden. Hintergrund – Definitionen – Vorschläge, hrsg. v. Yves Bizeul, u. a., Basel 1997 (80–93).
Arnold, Rolf: *Interkulturelle Berufspädagogik,* Oldenburg 1991.
Bolten, Jürgen: *Interkulturelle Kompetenz,* in: Das große Lexikon Medien und Kommunikation, hrsg. v. Leon R. Tsvasman, Würzburg 2006 (163–166).
—: *Interkulturelle Kompetenz,* Erfurt 2007.
Böhme, Gernot: *Anthropologie in pragmatischer Hinsicht.* Darmstädter Vorlesungen, Frankfurt/Main 1985.
Bühler, Karl: *Sprachtheorie.* Die Darstellungsform der Sprache, Frankfurt/Main 1965.
Cottler, J. und Jaffe, H.: *David Livingstone,* in: Sammlung Deutsche Dichtung – Deutsches Schrifttum: Erstes Buch, hrsg. v. Richard Bouillon u. a., Mainz 1950 (5–14).
Düsing, Klaus: *Fundamente der Ethik.* Unzeitgemäße typologische und subjektivitätstheoretische Untersuchungen, Stuttgart 2005.
Eirmbter-Stolbrink, Eva und Claudia König-Fuchs: *Ideen zur interkulturellen Pädagogik – abgeleitet aus der Erziehungswissenschaft,* Nordhausen 2008.
Erdem, Fatma: *Interkulturelle Kompetenz in der Sozialarbeit.* Sozialpädagogische Familienhilfe (SPFH) am Beispiel türkischer Migrantenfamilien in Berlin, Uelvesbüll 2011.
Fischer, Klaus: *Kommunikation, Sozialstruktur und Weltbild,* in: Wege zur Kommunikation. Theorie und Praxis interkultureller Toleranz, hrsg. v. Hamid Reza Yousefi, Klaus Fischer und Ina Braun, Nordhausen 2006 (81–120)
Freud, Sigmund: *Das Unbehagen in der Kultur,* Wien 1930.
Graneß, Anke: *Toleranz in afrikanischen Traditionen,* in: Toleranz im Weltkontext. Geschichten – Entstehungsorte – Neuere Entwicklungen, hrsg. v. Hamid Reza Yousefi und Harald Seubert, Wiesbaden 2013 (23–31).

Literatur

Heidegger, Martin: *Aufenthalte,* in: Gesamtausgabe, III Abteilung: Unveröffentlichte Abhandlungen Vorträge – Gedachtes, Bd. 75, Zu Hölderlin. Griechenlandreisen, Frankfurt/Main 2000 (218–245).

Heinrichs, Hans-Jürgen (Hrsg.): *Einleitung,* in: Die eigene und die fremde Kultur. Ethnologische Schriften von Michel Leiris, Frankfurt/Main 1977.

—: *Das Fremde verstehen,* in: Fremdenfeindlichkeit als gesellschaftliches Problem, hrsg. v. Helmut Eberhardt u. a., Frankfurt/Main 1999 (33–48).

Holzbrecher, Alfred: *Vielfalt als Herausforderung,* in: Dem Fremden auf der Spur. Interkulturelles Lernen im Pädagogikunterricht (Didactica Nova. 7.), hrsg. v. Alfred Holzbrecher, Hohengehren 1999 (2–28).

Jaspers, Karl: *Weltgeschichte der Philosophie.* Einleitung. Aus dem Nachlaß hrsg. v. Hans Saner, München 1982.

Kerber, Walter (Hrsg.): *Wie tolerant ist der Islam?* München 1991.

Klemm, Michael: *Verstehen und Verständigung aus medienwissenschaftlicher Sicht,* in: Verstehen und Verständigung in einer veränderten Welt. Theorie – Probleme – Perspektiven, Wiesbaden 2013 (41–53).

Koch, Peter u. a. (Hrsg.): *Neues aus Sankt Eiermark.* Das kleine Buch der Sprachwitze, München ²1997.

Kraus, Wolfgang: *Das erzählte Selbst.* Die narrative Konstruktion von Identität in der Spätmoderne, Pfaffenweiler 1996.

Kulturanthropologie, hrsg. v. René König u. a., Düsseldorf 1972.

Kühn, Peter: *Interkulturelle Semantik* (Interkulturelle Bibliothek Bd. 38), Nordhausen 2006.

Luhmann, Niklas: *Die gesellschaftliche Moral und ihre ethische Reflexion,* in: Ethik und Unterricht, Heft 3, Frankfurt/Main 1990 (4–5).

Mehlig, Johannes (Hrsg.): *Weisheit des alten Indien,* Bd. 2, Leipzig 1987.

Mensching, Gustav: *Duldsamkeit,* in: Glaube und Gedanke, Reden über christliche Gottes- und Weltauffassung, Riga und Leipzig 1929.

—: *Toleranz und Wahrheit in der Religion* (1955), Hamburg ²1966.

Mohanty, Jitendra Nath: *Philosophie zwischen West und Ost,* in: Wege zur Philosophie. Grundlagen der Interkulturalität, hrsg. v. Hamid Reza Yousefi, Klaus Fischer und Ina Braun, Nordhausen 2006 (287–307).

Molla Sadra: *Das philosophische System von Schirazi,* übersetzt und erläutert von Max Horten, Straßburg 1913.

Nisbett, Richard E.: *The Geography of Thought.* How Asians and Westerners Think Differently … and Why, New York 2003.

Sartoscht: *Die Gathas des Sartoscht,* aus dem Persischen übersetzt und hrsg. von Reza Madjderey, Nordhausen 2009.
Scheurmann, Erich: *Der Papalagi.* Die Reden des Südseehäuptlings Tuiavii aus Tiavea, Zürich 1978.
Thomas, Alexander (Hrsg.): *Psychologie interkulturellen Handelns,* Göttingen 1991.
—: *Bedeutung und Funktion sozialer Stereotype und Vorurteile für die interkulturelle Kooperation,* in: Stereotypisierung des Fremden. Auswirkungen in der Kommunikation, Wildau 2000 (11–28).
—: *Interkulturelle Kompetenz.* Grundlagen, Probleme und Konzepte, in: Erwägung, Wissen, Ethik Nr. 14, 2003 (137–221).
Waal, Frans de: *Der Turm der Moral,* in: Primaten und Philosophen. Wie die Evolution die Moral hervorbrachte, hrsg. v. Stephen Macedo und Josiah Ober, München 2008 (179–200).
Waldenfels, Bernhard: *Topographie des Fremden.* Studien zur Phänomenologie des Fremden, Frankfurt/Main 1997.
—: *Grundmotive einer Phänomenologie des Fremden,* Frankfurt/Main 2006.
Watzlawick, Paul: *Anleitung zum Unglücklichsein,* München 2000.
—: *Die Möglichkeit des Andersseins.* Zur Technik der therapeutischen Kommunikation, Bern 2002.
Weber, Max: *Wirtschaft und Gesellschaft.* Grundriss der verstehenden Soziologie, Frankfurt/Main 2010.
Welsch, Wolfgang: *Ästhetisches Denken*, Stuttgart 2003.
Yousefi, Hamid Reza und Ina Braun: *Interkulturelles Denken oder Achse des Bösen.* Das Islambild im christlichen Abendland, Nordhausen 2005.
Yousefi, Hamid Reza: *Interkulturalität und Geschichte.* Perspektiven für eine globale Philosophie, Reinbek 2010.
—: *Toleranz in orientalischen Traditionen,* in: Toleranz im Weltkontext. Geschichten – Entstehungsorte – Neuere Entwicklungen, hrsg. v. Hamid Reza Yousefi und Harald Seubert, Wiesbaden 2013 (41–51).
—: *Toleranz im Weltkontext.* Geschichten – Entstehungsorte – Neuere Entwicklungen, hrsg. v. Hamid Reza Yousefi und Harald Seubert, Wiesbaden 2013.
—: *Menschenrechte im Weltkontext.* Geschichten – Entstehungsorte – Neuere Entwicklungen, hrsg. v. Hamid Reza Yousefi, Wiesbaden 2013.

—: *Interkulturalität,* in: Wörterbuch der Würde, hrsg. v. Rolf Gröschner u. a., München 2013 (247–248).
—: *Die Bühnen des Denkens.* Horizonte des neuen Philosophierens, Münster 2013.
—: *Ethik im Weltkontext.* Geschichten – Entstehungsorte – Neuere Entwicklungen, hrsg. v. Hamid Reza Yousefi und Harald Seubert, Wiesbaden 2014.
—: *Interkulturelle Kommunikation.* Eine praxisorientierte Einführung, Darmstadt 2014
Zarrinkoub, Abdolhossein: *Na sharghi, na gharbi – ensani* (Weder östlich noch westlich – menschlich), Teheran 2001.

UVK:Weiterlesen

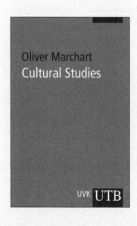

Oliver Marchart
Cultural Studies
2008, 278 Seiten
10 s/w Abb., flexibler Einband
ISBN 978-3-8252-2883-5

Barbara Thomaß (Hg.)
Mediensysteme im internationalen Vergleich
2., überarbeitete Auflage
2013, 378 Seiten
10 s/w Abb., flexibler Einband
ISBN 978-3-8252-3932-9

Eckart Koch
Interkulturelles Management
Für Führungspraxis, Projektarbeit und Kommunikation
2012, 268 Seiten, flexibler Einband
ISBN 978-3-8252-3727-1

Manfred Perlitz, Randolf Schrank
Internationales Management
6., vollständig neu bearbeitete Auflage
2013, 792 Seiten, fester Einband
ISBN 978-3-8252-8481-7

Ingrid Oswald
Migrationssoziologie
2007, 224 Seiten, flexibler Einband
ISBN 978-3-8252-2901-6

Boike Rehbein, Hermann Schwengel
Theorien der Globalisierung
2., überarbeitete Auflage
2012, 270 Seiten, flexibler Einband
ISBN 978-3-8252-3834-6

Klicken + Blättern

Leseprobe und Inhaltsverzeichnis unter
www.uvk.de

Erhältlich auch in Ihrer Buchhandlung.